書下ろし

セックスレスな女たち

衿野未矢

祥伝社黄金文庫

装幀　坂川朱音（坂川事務所）
カバー写真　アマナイメージズ
©MIXA CO., LTD./amanaimages

序章

ところで、セックスしてますか

他人事のはずだったのに

「ところでセックスしてますか？」

臆病《おくびょう》で、つい相手の顔色をうかがってしまいがちな私は、そんな質問をぶつけるとき、いつも大きなためらいを感じる。しかし成熟した大人の女性や男性のホンネにせまるのに、性は避けて通れない領域である。

勇気をふるって問いかけ続けるうちに、既婚であっても「いいえ、してません」と答える人が少なくないことに、まず驚いた。続いて、「してません派」が、じわじわと増加しているのではないかという実感も生まれた。

それが錯覚ではないという例証のひとつが、イギリスのコンドーム・メーカー、デュレックス社によるセックス頻度の調査だ（二〇〇七年）。

「日本人のセックス回数は年に四八回と、調査対象となった世界二六カ国の中で最も少なく、性生活への満足度も非常に低い」

そんな調査結果を踏まえたニュースや記事があふれると、それまで口をつぐんでいた取材相手から、「実は私もセックスレスです」と、打ち明けられる機会がさらに増えた。

「これはそろそろ、本腰を入れて取材せねば」

しかし私は独身で恋人もいない。セックスレスを嘆く既婚女性は「あっち側の人」である。もっと言えば、結婚できているだけでうらやましい。そんな想いが顔に表れるのか、相手に「シングルの方には理解できないと思いますよ」と、線を引かれてしまうのもたびたびだった。

ところが逆転が訪れた。数年前から知り合いだった七つ上の男性と、ふとしたことから交際を始め、結婚することになったのだ。そもそもセックスレスで、失いようがなかった私が、いきなり「あっち側」に渡ってしまったのだった。

もはや他人事ではない。我が身にふりかかるかもしれない切実な問題として、本気で取り組むとなると、行動力も倍増する。

「セックスレスについて調査をしたいのですが」

美容や健康に高い関心を持っている、三〇代〜五〇代の女性が読者層の月刊誌『からだにいいこと』（祥伝社）にお願いをして、二二九人の読者モニターにアンケート調査を実施していただいた。

その結果、パートナーとの性交渉は「月に一回未満」が五五％と、驚くほど高率だった。なぜセックスレスになったかをたずねると、こんなコメントが寄せられた。

［三番目の子がまだ赤ちゃんで、排卵もなく、したい気持ちが起こらない（三四歳）］

［子供と寝室が一緒だから（四十歳）］

［子供が生まれたあと、自然となくなってしまった（五二歳）］

［夫とは恋愛的な要素がもう感じられない。セックスするのが不自然なほど（三六歳）］

［男女の愛情より、家族愛的な感情のほうが強くなってしまった（三八歳）］

出産を機に、「パパとママ」になってしまったという声が多かった。

［面倒くさいし、そんなにいいものでもない。疲れているし、早く眠りたい（四七歳）］

［他にやらなくてはならないことがたくさんある（五二歳）］

セックスレス状態を解消したいと思いながら、対策を講じていない人も少なくない。

［相手が忙しすぎて、疲れているので無理は言えない（三六歳）］
［恥ずかしいし、言っても相手にしてもらえなさそう（三七歳）］
妻はセックスレスを解消したいのに、夫が消極的だというケースもあった。
［主人を誘ってみましたが、『今日は疲れた』と言って断られ続けています（四一歳）］

結婚に向かって

まるで呪文のように「セックスレス、セックスレス」と唱え続ける一方で、お互いの親の顔合わせ、結納と、結婚に向けてのプロセスがひとつずつ進んでいった。

「もう若くはないのだから、少しでも早く結婚を」

そんな周囲の声に押され、まず挙式と入籍を済ませ、約二カ月後に披露宴を開くという段取りが定まった。

義母はすでに亡くなり、夫は義父と二人で暮らしている。私のシングル時代の住まいは、東京都千代田《ちよだ》区にあるマンションだが、冬季には雪が二メートルも積もることのある地域の一軒家で、濃密な地縁や血縁のつながりに囲まれて過ごすことになる。

引っ越しや生活習慣の立て直しにも追われながら、『からだにいいこと』誌に寄せられたコメントを、何度も読み返した。

結婚して半年目からセックスレスになったという三五歳の読者モニターは、「男性は誰でもセックスしたがるものだ」と思っていたため、不安や焦りを感じたものの、どう伝えればよいかわからず、悶々《もんもん》としていたそうだ。

「他の理由で喧嘩《けんか》したときに、『もっと欲しいんですけど』と、要望のひとつとして伝えました」

簡単に口にできたわけではない。離婚を覚悟するほどの決意でのぞんだと、彼女はふりかえる。その真剣さが夫にも伝わったのだろうか。

「夫は『そう感じているとは思わなかった。仕事が忙しく、その気になれなかったんだ。ごめんね』。そう言われて私も安心し、復活することができました」

セックスを失わないために、努力を重ねているという女性のコメントは、しっかり頭にたたきこんだ。

［週末はミニスカート。以前、『からだにいいこと』誌に載っていた骨盤底筋体操を続けていて、効果ありです（三九歳）］
［裸になって誘ってみたり、身体をすり寄せてみたり……（四二歳）］
［かわいい下着やネグリジェを見せびらかしたり、着てみせたりしています（三四歳）］
［子供が欲しいので、お互いに確認をして、『とにかく月に2回』というのを強制にしました（四一歳）］
［夫婦二人で過ごしたり、お出かけしたりする時間を作るようにしています（三一歳）］

当事者になってみると

私が性の領域にまで踏み込んで取材をするようになったのは、「依存症」と「不倫」がきっかけだ。

買い物やギャンブル、アルコール、インターネットにのめりこむ「依存症の女たち」に話を聞くうちに、既婚男性とシングル女性の不倫カップルに興味を抱き、一〇年以上にわたって関係を続けている「十年不倫の女たち」にも、取材を重ねてきた。依存症も、不倫も、私には他人事ではない。かつては当事者であり、つねに自らの体験がベースにあった。夫婦間のセックスという現象についても、やはり同じスタンスを取ることになったのである。

当事者になってから理解できたことのひとつが、「セックスレス状態に強い不満を抱いているが、それを夫には伝えていない」という女性の気持ちである。

かつての私は、こう考えていた。

「そんなにレスから復活したければ、何かアクションを起こせばいいのに」

さらに、こうも思った。

「この人は『もう五年以上もセックスレスです』と嘆いているけれど、なぜ、もっと早く、手を打たなかったのかしら?」

それは「家族のいない暮らし」、気軽なシングル生活にどっぷりつかっている人間の感覚だった。家族がいると、自分のリズムで動けず、作業の能率が上がらないことが増える。日々の暮らしに追われがちになり、セックスのことばかり考えてはいられないのだ。

それに一人暮らしであれば、ぐるぐるとスパイラルを描く思考を、途中で止めることがなかなかできない。たとえば休日の午後、コーヒーをいれる。ゴリゴリと豆を挽《ひ》きながらも、頭の中では、スパイラルが渦を巻き続けている。しかし同じ屋根の下に、自分以外の人間がいれば違う。

「いい香りだねえ。おととい買ってきたクッキーを出そうか？」

「それなら賞味期限が近いロールケーキを先にしましょうよ」

思考の流れは中断され、スパイラルも止まる。ロールケーキを切り分けながら、明日の予定を話し合ったりしていると、なんとなく時間が過ぎてゆく。夕食を済ませ、お風呂に入りながら思う。

「気にはなっているし、いつかはどうにかしなくちゃと思っているけれど、とりあえず、今日のところは、まあいいか」

しかもセックスは、しなくたって生きてゆける。つい後回しになる。だからこそ、「本当に、どうにかしなくては！」と焦燥感にかられるころには、簡単には手のつけようのない、こじれた状態におちいっているのであろう。

一〇の疑問

かくして私は、「ところでセックスしてますか？」というフレーズを口にする機会を、積極的に増やすことになった。そのとき念頭に置いていたのは、以下のような疑問だ。

□どんなきっかけでセックスレスになるのか？
□セックスレスと浮気や離婚との関係は？
□パートナーがセックスに満足しているかどうか、どうすれば確かめられる？
□「一時的なセックスレス夫婦」と、「死ぬまでセックスレスの夫婦」とは、どこが違うのか？
□産後のセックスレスから、どう脱出すればいいのか？

□「セックスレスだけど幸せ」という夫婦は、強がりでそう言っているのか？
□セックスへの不満を、パートナーを傷つけずに伝える方法は？
□「それを言ったらおしまい」という、セックスにまつわるNG用語とは？
□「完璧にセックスレス派」と、「家庭内『では』セックスレス派」の見分け方は？
□〝その気のない〟パートナーを、〝ヤル気〟にさせる方法は？

以上の疑問のうち、五つ以上について「答えを知りたい」と思った方は、私と興味や関心が重なっている。

夫婦にとって、セックスとは何なのか。結婚を目前にした私の、切実な思いからの探求に、どうぞ、おつきあいいただきたい。

もくじ

一章

いつかは復活できるはず

ふすまの向こうに……

「このふすまが、私たちをセックスレスにした犯人です」

カジュアルな装いが小柄な身体によく似合い、年齢より若々しく見える裕子さんという三六歳の女性が、うらめしそうにふすまを指差した。

ここは彼女が三つ上の夫と、八歳の娘の三人で住んでいる、二階建ての集合住宅だ。マンションとは呼びがたく、看板には「コーポ」と書かれている。

高層オフィスビルの建ち並ぶ大手町《おおてまち》から地下鉄で約一五分、周囲に延びる住宅街を抱えた駅前には、スーパーやコンビニ、飲食店、ディスカウント薬局などがそろっており、通勤や生活には便利であろう。

濃いピンクのポロシャツにジーパン、肩より長い髪をバレッタでまとめている裕子さんの住まいは、クリーム色の壁にオリーブグリーンの屋根、出窓もついていてかわいらしい外見だが、どこかで何度も見たことがあるような造りである。壁やドアも、そう古びてはいないものの、いかにも薄そうだ。

裕子さんが指差したふすまは、八畳ほどのリビングと、寝室らしい部屋との仕切りである。リビングには、ソファセットとテーブル、テレビ、食器棚、本棚に加え、衣類用のたんすも置いてあり、広々としているとは言えない。

「このアパートは、見かけこそ小ぎれいですが、安普請で、壁がベコベコに薄いのです。特に、このふすま！　リビングと寝室は、音が筒抜けです」

冷たい麦茶を出してくれた裕子さんは、ぽつぽつと語りだした。

「娘が幼いころは、一週間に二回ぐらいはありました。娘を寝かせておいて、私たちはリビングでテレビを見たりして、そのままソファで……というパターンです。でも娘が成長してくると、何しろ、ふすま一枚ですからねえ。ソファだって安物だから、ギシギシと音をたてます。ふっと目を覚ました娘が、気配を感じたのか、いきなりガラッとふすまを開き、あわてたこともあります」

長女が四歳を過ぎたころから、徐々に回数が減っていった。レス歴何年になるかとたずねると、裕子さんは視線を宙にさまよわせた。

「さあ……、たぶん四年か、五年か……。五年は過ぎていますね、たぶん」

生まれ育った地方を離れ、東京都内の大学を出て従業員二〇〇人ほどのメーカーに就職した裕子さんは、結婚した翌年に妊娠した。仕事を続けたかったが、上司に「育児休業を取得するのは難しい」と言われ、あきらめた。

「住まいをさがすときは、まず立地と広さを考えますよね。セックスできる間取りかどうかだなんて、考える人はいないでしょう。考えたとしても、そんなものを優先させる余裕はないですよね」

夫は、やはり地方出身である。それまで住んでいた賃貸マンションは、子育てのできる間取りではない。引っ越しをすることになったが、裕子さんが退職して収入が半減し、家族が増えるとなると、支払える家賃は限られる。

中規模の卸会社に勤める夫は、取引先の都合で早朝出勤することもあり、会社から三〇分以内の場所が望ましい。条件に合ったのが、この2DKのアパートだったのである。

うちには原因がある

日本性科学会が一九九四年に定めたセックスレスの定義がある。特定のパートナー同士の間で、「特別な事情が認められないのにもかかわらず、カップルの合意した性交あるいはセクシュアル・コンタクトが一カ月以上ないこと」（その後も長期にわたることが予想された場合）である。

セクシュアル・コンタクトとは、キスやオーラルセックス、ペッティング、裸での同衾《どうきん》などのことだ。

この一文を示すと、裕子さんは首をかしげた。

「五年以上もないのだから、セックスレスということになるとは思いますが、でも『特に原因がないのに』という言葉にひっかかりますね。うちには原因があるわけですから。それに私は、これが一時的なものだと思っています。というか、思いたいですね」

裕子さんの夫は「ずいぶんと、ご無沙汰《ぶさた》だなあ」と冗談めかして言いながら、彼女のお尻に手を触れたりするという。

「でも素肌に直接……ではないから、セクシュアル・コンタクトではないですね。夫の身体に触れたい気持ちはある。ありますよ、もちろん。でも……セクシーな気分になっても、途中で止めなくてはいけないという気持ちがあるから、セーブしてしまっているのでしょうね、無意識のうちに」

裕子さんはため息をついた。

「もっと広い住まいに引っ越すことができれば、セックスは再開できるわけです。だけど、ねえ。いつのことになるのやら。夫婦だけで旅行すればいい？　そんなお金はありません。それに夫も、私も、地方出身でしょう。泊まりがけで娘を預けるところがない。ときどき考えてしまうのです。地方ではなく東京出身で、両親の近くに住める相手を選べばよかったなあと。身近に実例があるから、なおさらです」

子供の親同士として知り合った、近所に住む三四歳の女性は、やはり地方出身だが、出産を機に、夫の両親が住む、この街に引っ越してきたという。

「月に一度か二度、土曜の晩に二人の子供を親に預け、外食したり、家でゆっくりお酒を飲んだりするんですって。子供たちは、おばあちゃんちに泊まってくるというから、そういう晩は、夫婦でゆっくり……セックスも……できるのでしょうね。夫の親って、何かと気を遣いますが、近くにいればプラスになることも多い。でも、じゃあ夫や私の地元に帰ればと言われても、地方には仕事なんてないですよ」

今暮らしている街で、商店や飲食店に囲まれた風景を見慣れているだけに、帰省するたび、故郷のさびれた様子に、改めてショックを受けるそうだ。

「別のママ友は、やはり都内に住んでいる両親から頭金を借りて、家を建てました。子供たちは二階で寝かせ、一階のリビングで夫婦の時間を持つそうです。親が東京出身かどうかで、格差が生まれてくる。それでも私たちは東京で働いて、暮らしていくしかないわけです。本当はもう一人、子供が欲しいけれど、今の収入では無理です」

セックスも格差の時代

麦茶を飲み干した裕子さんは、冷蔵庫からピッチャーを取り出し、おかわりを注いだ。

「私の女友だちで育児休業を取得できたのは、大きな会社に勤めている人ばかりです。派遣社員やパートで働いている友だちでは皆無です」

厚生労働省による二〇一〇年度「雇用均等基本調査」によると、育児休業を取得した女性の割合は八三・七パーセントだが、パートや派遣社員など、有期契約で働く女性の場合は、七一・七パーセントにとどまる。

「衿野さん。幼稚園と保育園の違いをご存知ですか?」

幼稚園は文部科学省、保育園は厚生労働省の所管である。入所費用などが一律である幼稚園に比べ、保育園は保護者の収入によって、減免される場合もあるため、金額にかなりの差が出る。少子化対策のひとつとして、両者を一本化しようという動きは以前からあったが、二〇一二年現在、やっと実現に向けての動きが始まったばかりである。

「同い年のママ友の一人は、有名な会社に勤めていて、もちろん育児休業も取り、子供は保育園に入れました。私も保育園で預かってもらえれば、仕事を探すことができるのに、『今は無職だから』と、幼稚園にしか入れてもらえませんでした」

認可保育所への入所を希望しながら、定員に達しているためかなわず、待機している「待機児童」の増加が、大きな問題となっている。私が住んでいる千代田区では、二〇〇一年四月に五人の待機児童がいたものの、その後は東京二十三区内で唯一、「待機児童ゼロ」の状態が続いていた。

ところが二〇一〇年度、九年ぶりに、待機児童が三三人となった。千代田区によると、入所希望者の約三割が他の自治体から一年以内に転入した世帯である。子供を預けるために、家賃も固定資産税も高い千代田区に、わざわざ転居する夫婦がいるのである。

「いい会社に入れたラッキーな人は、子育てや、お金の面でも優遇される。納得いかないですねえ」

麦茶のグラスを手にしたまま、裕子さんはふすまに目をやった。

「昔は『結婚したら、子供を産んで育てるのは当たり前』でしたよね。その『当たり前』が、『恵まれた人たちだけに許される贅沢《ぜいたく》』に、変わってしまいました。夫婦でセックスを楽しめるのも、今は当たり前ではなく、贅沢になってしまったのでは。当たり前のようにセックスできる夫婦がうらやましいです」

週四九時間の壁

産婦人科医として、早くからセックスレス問題に取り組んできた第一人者、日本家族計画協会クリニック所長の北村邦夫《きたむらくにお》医師は言う。

「私の調査では、セックスに対して積極的になれない三大要因は『仕事で疲れている』と『出産後なんとなく』、『面倒くさい』です」

また、二〇〇八年に行なった「第四回男女の生活と意識に関する調査」によると、夫の労働時間が週四九時間を超えたとき、セックスレスになる率は一気に高まるそうだ。

「つまり『仕事で疲れていてもセックスする気になる』と『仕事で疲れていてセックスする気にならない』の境目は、ごく大雑把にいって、週49時間だということ」（『セックス嫌いな若者たち』北村邦夫／メディアファクトリー新書）

この数字を見せたところ、結婚して五年目になるという二八歳の千鶴さんは、「うちの夫の労働時間は、四九時間より、ずっと少ないことになっているのでしょうね」とつぶやいた。

「会社にいるのは一日九時間以内です。だって残業が禁止されているから。そのかわり、家に仕事を持ち帰っています。それに、通勤時間もカウントしてほしいですね」

年齢差が七つある三五歳の夫に合わせているのか、千鶴さんはベージュのサマーセーターに紺色のスカートと、落ち着いた服装だ。

「三〇歳までには子供を産みたい。でも今の夫に、『そろそろ、どう？』とは、とても言えません」

千鶴さん夫婦は、それぞれが生まれ育った東海地方に住んでいる。結婚と同時に、夫の両親の家を二世帯住宅に改装した。セックスレス状態が始まったのは、夫が三〇歳になってすぐのことだった。

「夫が勤めているのは、この地方では知られたメーカーです。だけど業績がどんどん悪くなり、工場や支社の統廃合が続きました。夫も異動することになり、以前の通勤時間は車で三〇分だったのが、一時間半に延びたのです」

電車でも通えないことはないが、自宅から駅までは車で一〇分だ。乗り継ぎも不便で、二時間近くかかってしまう。

「人が減ったぶん、仕事は増えたのでしょう。こんなことなら、早く子供を作っておけばよかったです」

夕食をすませると、ビールの酔いを借りて、夫は仮眠を取る。深夜に起き出してパソコンに向かっているようだが、正社員として不動産会社で働いている千鶴さんは、ぐっすり眠っていてよくわからない。

「夫の口癖は『疲れた』と『眠い』です。その言葉を聞いていると、セックスがどうとかなんていう考えは浮かばなくて……ただひたすら『居眠り運転で事故を起こしませんように』と祈るだけですよ。もう二年は、まったくなしだと思います。最後にしたときも、夫は途中で寝てしまったし……」

言葉を選びながら、ゆっくりと語る千鶴さんの口調からは、夫を思う気持ちが伝わってきた。私がそう言うと、彼女は顔を上げて、まっすぐにこちらを見た。

「衿野《えりの》さんは……ええっと、自分から誘ったというか、そういう経験があるのでしょうか。相手が、あまり、そういう感じでなかったとして、でもそれは相手が本当にいやなのか、照れ隠しなのか……すみません。こういう話って、誰ともしたことがないものですから、どう言えばいいのかわからなくて」

もどかしげな口調になったのは、彼女が性について語ることに、抵抗感があるからのようだった。

千鶴さんと会ったのは、私の自宅である。他の人の耳を気にする必要はないのだが、性体験や恋愛談を進んで語るタイプではなく、女友だちといても聞き役になることが多いという彼女には、ためらいをふっきるのに時間がかかるようだった。

「パートナーにセックスを求めたのに、相手が乗り気でない場合、どう対処するかということですか？」

小さくうなずいた千鶴さんに向かって、私は自分の経験を語った。目を見張って聞いていた千鶴さんは、しばらく黙ってから、再び口を開いた。

「これまでセックスについて、深く考えたことはありませんでした。夫も私も、どちらかといえば淡白なほうですし。セックスのあった時期には、そんなに重要なことだとは思っていなかったし、昼間、思い出したりすることもありませんでした。セックスレスになってから、かえってセックスについて考える時間が増えました。でも考えれば考えるほど、わからなくなるのです」

私から誘ってもいいの？

セックスという言葉を口にしたのをきっかけに、千鶴さんは迷いを捨てたようだ。

「一年ほど前、遠方の親戚《しんせき》の結婚式に招かれ、ホテルに泊まったのですが、壁が薄くて隣の部屋のテレビの音が聞こえてくるほどでした。そして夜、寝ていたら、隣の部屋から『ああっ』とか、『いいっ』とかの声が響いてきて、私は目を覚ましてしまいました」

披露宴と二次会でお酒を飲みすぎた夫は、隣のベッドで熟睡している。千鶴さんは身体を硬くして、その声を聞き続けた。

「セックスレスじゃなかったときも、私はそんな叫び声をあげるほど、気持ちがいいという体験はしたことがありません。夫には絶対に言えないけれど、『痛いなあ、まだ終わらないのかなあ』と思っていることも……。でも夫が気持ちよさそうだと私も嬉《うれ》しいし、終わったあと、抱きしめてくれたり、腕枕してくれたりすると、すごく嬉しい。セックスをしたいというよりも、包まれている、守られている、安心できる、そんな想いを味わいたいのだと気付きました」

音が筒抜けのホテルで、ほとんど眠れないまま朝を迎えた千鶴さんは、夫が目を覚ますとベッドを出た。

「まだ横たわっている夫の顔を両手で包んで、私からキスをしました。そんなことをしたのは初めてでした」

キスを受けながら、夫は千鶴さんの肩を抱きしめた。スムーズなのはそこまでだった。夫はこう言ったのである。

「ゆうべはよく飲んだなあ。まだ疲れが残っている。もう一眠りしようかな」

その言葉を、千鶴さんは「疲れているし、眠いのだから、これ以上は求めないでくれ」というサインなのだろうと受け取った。

だから黙って自分のベッドに戻った。夫が寝息を立て始めると、そっと起きて身じまいをして、披露宴で配られた、新郎の父親が趣味で自費出版したという、郷土史の本をめくって時間をつぶした。

「衿野さんだったら、そんなとき、どうしますか？　私がサッと引いたのは正解だったのか。夫が照れ隠しで、そう言ったのだったとしたら、もう一押しすべきでしたよね。それ以来、私から求めたことはないのですが、何度もあのときのことを思い返しています」

千鶴さんは、まっすぐ私に視線を向けてきた。

「夫がその気になるのを待つべきなのか、それとも自分から誘ってもいいものなのか。私はその答えを知りたいです。でも、人に聞くことなんかできません。世界一セックスレスの夫婦が多い日本なのだから、私と同じような迷いを抱えている人は、他にもいるはずです。衿野さんに、取材を頑張ってもらって、答えを見つけてほしいと思います。そう期待したからこそ、衿野さんの取材を受けることにしたのです」

セックスレスに関する調査結果を報じる新聞記事を、千鶴さんは興味深く読んだという。

「日本では、セックスレス夫婦のほうが多いのだから仕方がないと、自分に言い聞かせるためでした。べつにセックスなんてなくていいと、あきらめてしまったほうが気は楽です。夫だって、セックスより睡眠をとったほうが、身体も、気持ちも、楽なはずです」

ふっと口をつぐんでから、千鶴さんは、また語り出した。

「こうしてお話ししていると、私の悩みはセックスレスではないのかもと思います。夫とのコミュニケーションがうまくいっていない気がして、そのことに不安を感じているのかもしれません。子供についても、話し合ったことがないのです。夫はどう考えているのでしょう。知りたいけれど、こわくて聞けません」

帰り際に、千鶴さんはうっすらと笑顔を浮かべて言った。

「夫の勤める会社は、支社の統廃合のおかげで息をついたのか、新入社員を例年より多く採用したそうです。新入社員が育てば、夫の持ち帰り残業が減るかもしれません。そうなれば、夫もその気になってくれる……かも？」

シーツが洗い立てのときに限って……

セックスレスになったのは、夫の勤務先のせいだという千鶴さん、そして音が筒抜けの薄いふすまが原因だと言い、「恵まれている人たち」への羨望《せんぼう》を語った裕子さん。

セックスレス歴二年になるという三九歳の奈津美さんは、理由として「洗濯物」を挙げた。

「中学に通う長男は、部活のバスケットで大量の洗濯物を作ってくれます。小学生の次男も、少年サッカーチームに入っていて、やらなくてもいいのに、自主トレだとか言って、毎日そこらを走り回って、大汗をかいて帰ってきます。私もパートで給食を作る工場に勤めています。料理は好きだし、仲間がいて楽しいけれど、力仕事だから冬でも汗をかきます。家族そろって、一日じゅう、洗濯物を製造しているような暮らしです」

家事の負担はそれだけではない。

「車で一五分のところに住む私の両親の家も、母が病弱だから、掃除や洗濯を手伝わなくてはならない。大変ですよ」

毎日が戦争のようだと言いながら、奈津美さんは、どこか楽しげに見える。ふっくらとした丸顔に笑みを絶やさず、冗談めかした口調だからだろう。

Lサイズらしい、袖口のゴムがゆるんできているトレーナーにコットンのパンツ姿を見ていると、三角巾をかぶり、大きなしゃもじを操って給食を作る姿が容易に想像できる。周囲から「頼れるおっかさん」として、一目置かれそうなタイプだ。

セックスを避けるようになったのは、夫か、それとも奈津美さんのほうだったのか。

「どちらからともなく、ですよ。恋愛の終わり方で、自然消滅というのがありますよね。だんだん連絡が間遠になっていって、気がついたら、ずいぶん長く会っていないな……というような。セックスレス歴二年と言いましたが、もしかしたら三年かもしれません」

奈津美さんたち家族が住む家は、東京の郊外にある一戸建てだ。

「夫婦で寝ている和室は八畳です。広いのが、かえってアダになりました」

部屋の一方に和服用の桐だんすがあり、対角線上に夫のスーツをしまってあるロッカーを置いている。どちらも高さ一八〇センチほどだから、その上に物干し竿を載せると具合がいい。

「布団に入ると、ぶら下がっている洗濯物が目に入るわけです。お父さんのパンツとか、息子のジャージとか。特に男の人は、そういうので萎《な》えちゃうんじゃないかしら」

夫のことを「お父さん」と呼ぶ奈津美さんが豪快に笑うと、大きな胸元がゆさゆさと上下した。

「私は私で、シーツが気になって仕方がない」

洗濯物が多いのは、清潔好きだからでもある。週に二度は、家じゅうのシーツを換えるそうだ。

「お父さんは汗っかき。頑張ってると、ポタポタ垂れてくるぐらいです。洗い立てのシーツに換えたばかりだと、『うわー、勘弁してよ』と思います。明日あたり、シーツを換えようかなと思うときだったらいいのだけれど、なぜか、たいてい、洗い立てのときなんですよね。求めてくるのは。あっ、もしかして、洗い立てだとサラサラしていて気持ちがいいから、元気になっちゃう？」

奈津美さんの声はよく響く。高い背もたれで隣の席と仕切られている、広々としたシートのファミリーレストランで顔を合わせたのは正解だった。

夫の浮気が心配

奈津美さんの夫は、今もセックスを求めることがあるのだろうか？

「だからぁ、求めなくなってから、二年か三年なんですよ。私から……と思うこともあるけれど、それがまた、シーツがサラサラのときで。だから『やっぱりやめた、寝ちゃおう』となるわけですよ」

取材を進めるうちに、セックスレスでもキスや愛撫など、性的な接触、つまりセクシュアル・コンタクトはあるという夫婦と、それすらもない夫婦がいることに気付いた。

薄いふすまを気にしながらも、ソファで夫婦の時間を持つこともある裕子さんは前者だが、一時間半かけて自動車通勤する夫を気遣う千鶴さんは、セクシュアル・コンタクトも意図的に避けている。奈津美さんはどうなのだろう。

「キスはないけどボディー・タッチはありますよ。夫の背中をバンバンたたくとか、夫が私の胸をつかんだりとか。夫婦じゃないとできないタッチです」

　言葉を切って腕組みをした奈津美さんは、天井を見上げてこうつぶやいた。

「そっかー、セクシュアル・コンタクトかあ。キスもしたほうがいいのかな。来年は洗濯物が減りますからね。それに備えて、身体と心の準備しておかないとね」

　来年は、長男が中学三年生になる。受験勉強のため部活を休止するから、洗濯物は減るはずだという。

「それに私も四〇歳になりますからね。このあたりで復活しておかないと一生セックスレスになっちゃいそう」

　長男が生まれたあとにも、身体が回復していないのではないかという不安から、一年ほど、セックスレス状態だったことがある。

「特に何か努力したわけじゃないけれど、自然に復活することができました。今も、あのときより長引いてはいるけれど、また、元に戻ると思うんですよ。夫が浮気に走ったら困りますもんね。三年なら我慢できても、五年、一〇年は無理でしょう。お父さんだって、そろそろ復活したいと思っているんじゃないかしら」

夫が「家庭の外ではセックスレスではない」という可能性はないのか。奈津美さんの明るい笑顔に甘えて、ぶしつけな質問を投げかけてみた。

「ない、ない。できっこない。願望はあるかもしれないけれど、月に一万五〇〇〇円のこづかいだもの、不倫なんてできっこない。お父さんは、汗っかきなだけじゃなくて、足も臭いんです。もし浮気の機会があっても、靴を脱いだとたん、女の人が逃げていくでしょう」

探偵会社を経営する知人によれば、「最近、帰宅した主人の足が臭くないことが増えた。心配だから調べてください」と、調査を依頼しに来る妻がいるそうだ。そうした場合、妻の嫌疑は、ほぼ一〇〇パーセント正しいそうだ。

私がその話をすると、奈津美さんは身体をゆすって笑ったあと、大きくうなずいた。

「いいことを聞きました。足が臭い間は安心なんですね！」

本当に復活できるのか？

　裕子さん、千鶴さん、そして奈津美さんに共通するのは、「いずれはセックスが復活するはずだ」という思いである。住環境や夫の仕事、家事などの状況が改善されるのを、彼女たちは楽しみに待っている。

　ただ、「格差」への怒りを語った裕子さんも実感しているとおり、それらは個人の努力ではカバーしきれない問題でもあるから根が深い。

　奈津美さんの「洗濯物」にも、夜の寝室に干さなくてはならない理由がある。彼女はサラリと口にしただけだったが、三人きょうだいの末っ子である彼女の両親は、すでに七〇代の後半である。しかも認知症の母親を、転んで足を骨折し、歩行が不自由な父親が介護している状態だ。

　セックスはきわめて個人的でありながら、同時に、社会の影響をもろに受ける存在でもある。住環境に通勤時間、介護といったキーワードを改めて並べてみると、社会全体が、日本人をセックスレスの方向に押しやっているようにも見えてくる。

いつか来るかもしれない「復活の日」を、ただ待つだけでよいのだろうか。アクションを起こすとしたら、いつ、何をすればよいのか。さらに取材を進めていこう。

二章

セックスしなくても幸せです！

それが何か？

マラソン大会はグループで参加したほうが心強い。駅から会場まで、わかりづらい道を二〇分以上も歩かされるのは普通だし、スタート前の緊張感をほぐすのには、誰かと話をするのがいちばんだ。そして完走後のお楽しみ、打ち上げパーティーも、人数が多いほど盛り上がる。

だからランナーは群れたがる。インターネットで検索すれば、「〇〇大会に出る人、一緒に行きませんか？」といった書き込みが、いくらでも見つかる。

インターネット経由のつながりとはいえ、「皇居を走るトレーニング会」などで、実際に顔を合わせたことのあるメンバーも多い。マラソンという共通の話題もあるため、すぐに親しくなれる。

そうした集まりのひとつで、こんなことを言い出した女性がいた。

「男性がいると、『生理と大会が重なったらどうする？』といった話ができないね。

今度は女性ばかりで集まろうよ」

そんな話が出て、五人の女性が都内の和食店に顔をそろえた。チャージなしで個室を利用できるという、「女子会パック」のある店である。生理痛、妊娠と出産、更年期障害に続き、「セックスレス」というキーワードが話題に上がると、睦美さんという四五歳の女性が口を開いた。

「うちもセックスレスですよ」

すると二七歳のシングル女性が、ヒラメのカルパッチョを取り分ける手を止めて、

「えっ、嘘っ！」と小さく叫んだ。

ショートカットがよく似合っている睦美さんと知り合ったのは、東京マラソンの打ち上げ会である。四八歳の夫と一緒に来ており、年に一〇回ほど出場するマラソン大会も、大半は夫婦で参加するそうだ。夫婦ともスラリとしたランナー体型で、ペアルックのように見えるスポーツウェア姿が若々しく、高校生の娘がいると言われてみんな驚いた。

「仲のいいご夫婦に見えたのですが、意外ですねえ」

ヒラメを小皿に取った二七歳がそう言うと、睦美さんは手を振って否定した。

「違う違う、仲はいいんですよ。主人とはよく話をするし、買い物にも行きます。そもそも仲が良くなかったら、一緒に大会に出たりしませんよ」

「でも」

また口を開いた二七歳に向かって、睦美さんは微笑《ほほえ》みかけながら、ピシリと言った。

「私としては『セックスレスですけれど、それが何か?』と聞き返したいぐらいですよ」

シリアスな女《ひと》

改めて話を聞きたいと申し出ると、睦美さんはしばらく間を置いてからうなずいた。

「いいですよ。取材って、どんなことを聞かれるのか、興味がありますから」

ランニング愛好家は、会話やコスプレを楽しみたくて大会に出場する「ファン・ランナー」と、自己ベスト更新を目指して真剣に走る「シリアス・ランナー」とに分けられる。

マラソン大会の沿道に知人を見つけると、駆け寄ってハグをする私は前者だが、お祭り騒ぎの東京マラソンですら、「目標タイムを切れなかったのが悔しくて、本当は打ち上げをする気分じゃなかった」と振り返る睦美さんは後者であろう。

他の客の耳を気にせず、ゆっくり話をするには、お互いの自宅か、高い背もたれで仕切られているファミリーレストラン、個室のある飲食店が便利である。広々としたホテルのカフェは、語り手と聞き手との距離が開くため、かえって使いづらい。

土曜日の午後、睦美さんと私が向かい合ったのは、彼女の住まいに近い、郊外のファミリーレストランだった。都心から四五分ほどかかる駅まで、彼女は軽自動車で迎えに来てくれた。

「あれからいろいろ考えましたが、夫のプライバシーにも関わることですから、私自身の話はNGということにさせてください。ご質問に対して、『ノーコメント』とお答えすることもあるけれど、よろしいですか?」

目標達成に向かって、自分をシリアスに追い詰めていく人たちは、意思がはっきりしている。必要だと判断すれば、相手の顔色をうかがったりせず、ストレートに口にする。私の目を見つめている睦美さんに向かって、「もちろんです」と言葉を返した。

注文したコーヒーが運ばれてくると、睦美さんは、ふたたび口を開いた。

「日本人の(セックスの)回数が、世界でいちばん少ないという報道は、私も見ました。まるで、それがいけないことのように言っている気がして、反発をおぼえました。国によって文化は違います。外国が正しくて、日本は間違っているという考え方は、おかしいと思います、絶対に」

世界の女子会で

セックスレスという言葉が出た女性ランナー同士の集まりは、女性であるという共通項を軸に、「男性がいては口にしづらいこと」を語るのが目的だった。こうした

「女子会」は、接待族の減少や、若い男性のアルコール離れに悩む飲食業界による後押しも受けて、二〇一〇年には新語・流行語大賞に入った。

世界各国に滞在している日本人レポーターが、それぞれの国の事情をライブで報告する「地球アゴラ」（NHKBS-1）という番組がある。二〇一一年五月十五日の特集は「世界の女子会」だった（「地球アゴラ♥女子会～最強本音トーク」）。照明からカメラ、音声、ディレクターまで、スタジオ内のスタッフは全員女性という、同番組の関係者によると「NHK始まって以来の試み」である。

世界各国の「女子会」が紹介される中で、ブラジルが登場した。女性だけのグループで食事をしたあと、向かったのは男性客の多いバー。そこで「誰がいちばん早くナンパに成功するか」を競うのである。グループの一人は、自分から声をかけた男性と五分後にキスをして、仲間たちから喝采《かっさい》を浴びた。

当日、ゲストとして出演していた私は、「イギリスのコンドームメーカー、デュレックス社が二〇〇七年に行なった調査によると、世界で二番目にセックスをする回数が多い国はブラジルである」というデータを思い出していた。一位はギリシャの「年に一六四回」で、ブラジルは一四五回である。

ロシアの「女子会」も紹介された。兵役や「お酒に逃げてしまう男性が多い」といった理由で、ロシアでは恋愛の対象となる男性が不足しているのだという。高い競争率をくぐりぬけて男性を獲得するために、女性たちはハイヒールでセクシーさを強調するそうだ。

そんなロシアの年間セックス回数は一四三回。二位のブラジルに次いで、ポーランドとタイで並ぶ三位につけている。五位はインドの一三〇回、六位以降は一二三回がメキシコとスイス、一二二回がニュージーランドとスイス、一二一回がイタリアと続き、一二〇回のフランスと南アフリカが十一位に並ぶ。

フランス人と国際結婚をしてパリに住む、四三歳の日本人女性は言う。

「フランス人の夫にとって、愛とセックスは一体です。性生活に満足しているかどうかも、大きな意味を持ちます。日本のように『セックスレスだけど夫婦愛はあり、幸せだ』というのは、夫には理解できないでしょう」

彼女は三一歳のとき、仕事で来日した夫と恋愛し、妊娠してから海を渡った。

「フランスは離婚率が高い上に、事実婚が多い。パートナーがいないと不便だから、シングルに戻った人は、急いで相手を探します。その相手にパートナーがいても、『あらそう。でも別れれば、それでいいじゃない？』と考える人も少なくない。つまり『離れやすくて、くっつきやすい』という状態です。私のように結婚して子供がいたとしても、夫をつなぎとめる努力が必要なのです」

つなぎとめる努力

夫をつなぎとめるために、どんな努力をするのだろう。

「もちろんセックスも含まれます。けっこうしんどいですよ」

最低でも週に二回。生理が近づくと「今のうちに」と、彼女のほうから求めて、空白の日々を最低限に抑える。夫から誘われて、断るのは「年に一度あるか、ないか」。楽なTシャツに短パンでゆっくり眠りたい欲求を我慢して、セクシーな寝巻でベッドに入る。

「とはいえ悪いことばかりではありません。夫の側にも、『妻をつなぎとめておくためには、努力が必要だ』という思いがあります。自分が努力したぶん、相手からも返してもらえるわけです。日本に住んでいる同世代の女友だちが、『ロングの髪をばっさり切ってショートにしたのに、夫は何も言わなかった』と愚痴《ぐち》をこぼしていましたが、そういう事態が起きるとしたら……こっちでは、離婚が間近ということでしょうね」

やはり日本を離れ、ホノルルに住むアメリカ人男性と結婚した、現在三三歳になる女性は言う。

「二八歳のとき、現地に留学している友人のところへ遊びに行き、彼を紹介されました。二度目のデートのとき、彼から『結婚する意思があるのかどうか』を聞かれました。彼が言うには、『自分は結婚をしたいと思っている。あなたに結婚する意思がないのなら、お互いの目的が異なるため、交際しても意味がないと思う』という理屈でした」

その当時は、彼女によれば「結婚願望が、ふつふつと高まっていた時期」だった。

「日本人の男性とつきあったこともありますが、みんな『この先』を、はっきりさせようとしない。つきあっているのか、いないのかも、あいまいな感じで、ずるずると時間が長引いていく……そんな恋愛ばかりでした」

夫に限らず、ホノルルに移住してから知り合った人たちには、「友だちか、恋人か。恋人でも、結婚を意識するほどの間柄か、それとも『今だけ』のボーイフレンド、ガールフレンドなのかをはっきり分ける」という傾向があると感じている。

「白か、黒か。チャンネルを切り替えるという習慣が根付いているのだと思います。夫婦の間柄にしても、リビングでは『家族』、寝室では『オトコとオンナ』と、チャンネルを切り替えているように感じます。私の夫も、『さあ寝室に行こう』と、テレビを見ている私の手を取ったりしますが、そのときの表情は、夫や父ではなくオトコ。もっと言えばオスですね」

国際結婚をした彼女たちの夫の個性なのか、その国の一般的な傾向なのかの判断は難しいが、「パートナーをつなぎとめておく努力」の中身は、セックス回数が多いほうに属する国と日本では、へだたりがありそうだ。

私は中学生のとき、カリフォルニアで一カ月間のホームステイを経験した。その家の両親が、出勤前にリビングでブチュッとキスをするのを見て、衝撃を受けた。その様子を、今もありありと思い浮かべられるほどである。

後にも触れるが、「出産後、なんとなくセックスレスになっていった」という夫婦は少なくない。セクシュアル・コンタクトすらも絶えてしまうと、「自然な復活」は、より難しくなる。子供の前でもキスをするという習慣が根付いている国では、セックスが自然消滅するという事態を避けやすいのかもしれない。

自然の流れに身を任せて

デュレックス社の調査に戻ると、アメリカの年間セックス回数は、シンガポール、ナイジェリアと同じ八五回で、二十二位と意外に低い。次は香港の八四回で、日本はというと、たったの四八回である。

とはいえ国によって文化は違う。睦美さんが「セックスレスですけれど、それが何か？」と問い返したくなる気持ちもわかる。ファミリーレストランで向かい合った彼女の「プライベートな話はしたくない」という意思を尊重し、私はこれまで述べてきたような、「フランス人と結婚した知人が言うには」や、「ホームステイ先での『ブチュッ』にビックリ」といった、一般的な話をした。

睦美さんはあまり表情を変えず、わらび餅《もち》をつつきながら、黙って私を見つめている。今日の取材は、私がしゃべり、自分の考えをまとめる機会にさせていただくことにしよう。そこで本書の一章で述べたような、仮性レスだと思いたがっている女性たちの話をした。

彼女の態度が変わったのは、「日本の社会の流れに身を任せていると、自然にセックスレスの方向に進んでゆくような気がする」という実感について語ったときだった。

「セックスレスのほうが自然。私もそう思います」

ぽつりとそう言ってから、睦美さんは、意を決したように口を開いた。

「世の中の流れに逆らうみたいで、なかなか人には言えませんが、四〇歳、五〇歳になっても、その……その……セックスを」

逡巡《しゅんじゅん》したあげくに、小さな声で「セックス」という言葉を押し出した睦美さんは、しばし、口をつぐんだ。

「セックスを……するのって、あるいは、しようと思って、いろいろ準備をしたりするって、かえって不自然だと私は思います。子供が生まれたら、『もうセックスは卒業しましょう』で構わないはずです」

いったん「こう」と決めたら、後戻りはしない。シリアス・ランナーらしく、迷いを捨てた様子で、睦美さんは言葉を続けた。

「セックスレスになったきっかけは、特にありません。私が四〇歳になるころから、ごく自然に減っていきました。先ほど、アメリカ人がスイッチを切り替えるという話が出ましたが、うちは寝室でも、『来週の法事はどうする?』とかいう話をしています。私を含めた日本人は、それほど器用ではないし、無理に切り替える必要もないでしょう」

睦美さんはコーヒーに手を伸ばした。

「もちろん、この考えを人に押し付ける気はありません。マラソンと同じで、個人差の大きいことですから。五〇代、六〇代でもセックスの現役だという方は、それはそれで素晴らしいと思います」

彼女の夫も、同じ考えで、セックスレス状態に満足しているのだろうか。

「ええ。実は夫に、『ご無沙汰だけど、いいの？』と、聞かれたことがあります」

夫の問いかけに対して、小さくうなずいた睦美さんに、彼は「ないならないで平気だし、気楽だな、ハハハ」と安心したように笑い、二度とその話題は持ち出さなくなった。

「ランナーの性《さが》と言いますか、夫も私も、自分の身体に対して、すごく敏感です。体調、睡眠時間、食べ物などに気を配ります。身体への関心が、セクシュアルな方面ではなく、『いかにスピードを上げるか』とか、『いかに早く疲労回復するか』など、一般の人とは違うところに向いているのかもしれません」

イキモノとして不自然

睦美さんの夫の自己ベスト記録は、三時間八分で、目標は市民ランナーあこがれの「サブスリー」、つまり三時間を切ることだ。

東京マラソンの打ち上げで、睦美さんは焼酎のお湯割を、ちびちびとなめていた。彼女の夫は盛大にビールを飲んでいたが、ふだんは「缶ビール二本以内」に抑えているそうだ。

睦美さんの夫の上をゆく、「二時間三〇分ちょっと」で走る俊足ランナーと、結婚を前提にした交際をしていたことがある女性は言う。

「彼はつねに『自分の身体がいちばん大事』でしたね。手料理でもてなすと、『炭水化物は充分だけど、たんぱく質が足りないから、プロテイン飲んでおこうかな』、クリスマスのイルミネーションを見に行っても、『足を冷やすといけないから、もう帰ろう』という具合です。お互いに二〇代でしたから、そこそこ激しいエッチはしていましたが、マラソン大会の一〇日ぐらい前から禁欲です。その身勝手さに疲れて別れました」

その話をしたら、睦美さんはクスッと笑った。

「夫も同じニオイがしますね。私にも、ちょっぴり通じるところがある。トレーニングやサプリメントについては、専門誌を読んで研究をするし、新しいものをどんどん取り入れますが、性に対しては、慎重というか……頑張って追求しようとは思わない。筋肉に負担のかかるような、変な姿勢とかも無理ですね」

寝室は一緒で、布団を並べて敷いている。寝る前に「おやすみ」とキスをしたり、目標タイムをクリアできた夜に「おめでとう！」と、布団の上で抱き合うことはあるが、そこから先へは進まないそうだ。

「ただキスするだけ、ただ抱き合うだけでも、私は別に構わないと思っているのですが、それって変ですか？」

キスをしているうちに、夫の身体に変化が起きることはないのか。

「それほど長時間ではないですから」

サラリと受け流してから、彼女は私の視線をとらえて言った。

「キスをしたら触って、その次はセックス……と、先へ先へと進んでいくのが自然の形なのでしょうか?」

自分に言い聞かせるかのように、さらに続けた。

「夫は三〇歳で私と結婚するまで、ずっと親元で暮らしていました。あまり恋愛経験はなく、学生時代につきあっていた相手も、自宅住まいだったそうです。ホテルがあまり好きなタイプじゃないことを考え合わせると、夫は元気な盛りの二〇代を、ほとんどレスで過ごしていたわけです。なのに四〇歳を過ぎた今、週に二回も三回もするとしたら、イキモノとしても不自然だと思うのですが、どうなのでしょうか?」

きっちりした信念を持っている睦美さんだが、私に向かって「でしょうか?」と問いかけるときの瞳は、答えを求めるかのように揺らいでいた。

「オンナを捨てる」のは敗北？

なるほど人間はイキモノである。おならもすれば、便秘もする。

四三歳でセックスレス歴八年になる寛子さんは、四五歳の夫にこう告げるとき、大きな喜びを味わうそうだ。

「これからトイレに行くけど、長くなりそう。あなたも切羽詰まっているなら、今のうちにすませておいて」

六泊七日の海外旅行先で、「一度も出ないまま、すべて日本に持ち帰ってきた」こともあるというほど便秘に悩んでいる寛子さんにとって、便意をおぼえてトイレにこもるひとときは、苦痛であると同時に、解放へのプレリュードでもあるのだ。

「セックスがなくなって、オンナを捨てたら、本当に楽になりました。オンナを捨てるというと、悪いイメージがありますが、『卒業した』とか、『次のステージに上がった』という意味だと考えたいですね」

セックスをしなくなった理由は、子供を断念したからだった。

「三〇歳を少し過ぎるまで、子作りの努力をしていました。でも夫のほうに、ちょっとできにくい理由があって。基礎体温を測って、タイミングに合わせて、努力したりしましたが、無理に作らなくてもいいと、不妊治療は途中でやめました」

不妊治療の〝やめどき〟をつかまえるのは難しい。何年もたってから、「あのとき中断せず、もっと努力をすべきだった」と、後悔する夫婦もいる。寛子さんは、医師に告げられた成功率の低さに背中を押されたという。こうして明るく語れるようになるまでには、どれほどの葛藤《かっとう》を乗り越えてきただろうか。

「子供を持たないと決めると、金銭的にも、毎日の暮らしも、『自分中心』でいられます。夫が宴会で遅い夜など、大好きなスイーツを夕食にしちゃう。子供がいたら、味わえない自由です。セックスもなくなって、今はホント楽ですよ」

寛子さんを私に紹介してくれたのは、以前、ある取材でお世話になった、英代さんという三五歳の女性である。

「友だちの女性が、旦那さんが出張の留守に、自宅で〝おでん女子会〟を開くんですって。一緒に行きませんか？」

　そんなわけで、寛子さんが住む2DKの賃貸マンションのリビングに、五人の女性が集まった。寛子さんの身長は一五五センチの私と同じぐらいだが、廊下を歩くと「ズシッ、ドスッ」と足音が響く。顔もふっくらと丸い。

　大鍋で煮えているおでんの脇には、ふだんの炊事に使っているらしい、熱で変色したおたまが添えられていた。取り皿とワインを飲むコップは使い捨ての紙製で、ポテトサラダ、ヒジキと竹輪の煮付け、チャーシューの薄切りなどが、スーパーのパックのまま並んでいる。本日のメニューには必要のないソース、「のりたま」のふりかけ、爪楊枝、缶入りの味付け海苔が、テーブルに載っている。

　部屋の主である寛子さんは、「見た目を飾るよりも、楽な暮らしをしたい」と考えているようだ。セックスについても、こだわりなく、開けっぴろげに語る彼女のおかげで、座は早々にほぐれ、誰もが言いたいことを話せる空気が生まれた。

アンチ・アンチエイジング

ランナーの睦美さんは、自分自身のセックスレスに対しては肯定的ながら、個人差を認め、「人に押し付けはしない」と語っていた。

一方、寛子さんは、他の女性たちにも「早く現役をしりぞいたほうがいい」と、アドバイスしたがっているようだった。

「今日のメンバーの最年長は衿野さんで次が私、それから三五歳の英代ちゃん、あとは三〇歳前後か。子供が欲しい人はしっかりセックスすべきだけど、生まれたあとは、さっさと引退したほうが楽ですよ。ダイエットやアンチエイジングも、頑張りすぎちゃダメ。かえって不幸になる」

さらに続けようとする寛子さんを、まだ独身の英代さんがさえぎった。

「私は結婚しても、オンナを捨てたくないなあ。セックスレスは楽かもしれないけれど、なんだか寂《さび》しい気がしちゃう」

「独身の今、すごく頑張っているんでしょ。そんなの、いつまでも続けられないよ。結婚したら、のびのびと楽をすればいいじゃない」

「でもオンナを捨てるとしたら、何かに敗北するような気がするなあ」

「まだ若くて独身だから、そう思うんだってば。結婚すれば、あなたも理解できるって」

　余裕の笑みを浮かべた寛子さんは、二つ目のクリスピー・クリーム・ドーナツに手を伸ばした。今日の会のために、行列して買ってきてくれたものだそうだ。

「みんな一個しか食べていないけれど、やっぱりダイエット？　私の勤務先に四八歳で独身の女性がいるんだけど、すっごい若作りで、私と同い年ぐらいに思っている人もいるぐらい。本人も、若く見えるのが自慢らしい。でも周囲は迷惑していますよ。いっつもイライラしているんだもの。たぶんダイエットのせいでしょうね。食べるものも食べなけりゃ、不機嫌になるし、仕事の能率だって上がりませんよ」

　指についた砂糖を拭《ぬぐ》っている寛子さんの勤め先は区役所で、夫とは職場結婚だという。

「その同僚の女性は、四八にもなって、まだ結婚をあきらめていないみたい。これから相手が見つかったとしても、結婚式は五〇歳とかでしょ。その年で、ウエディングドレスを着るつもりなのかしら。見せられる人はつらいよねえ」

「最近は、年齢を重ねた人にも似合うドレスがありますよ。熟年結婚は流行ですからね」

英代さんの言葉に、実は結婚式を三カ月後に控えている私はホッとした。

「ふーん、そうなんだ。でもやっぱり無理せず、年齢相応に枯れたほうがいいと私は思うな。うちの夫も、ネットでエッチな映像とか見てるかもしれないし、興味がゼロになったわけじゃないけれど、行動は伴わなくなった。当たり前のことでしょ」

例によって「セックスレスなのは妻とだけ」ではないかと、つい気にかかってしまう。

三つ目を食べるつもりなのか、ドーナツの箱に目をやりながら、寛子さんは顔も上げずに「大丈夫、心配なし！」と力強く断言した。

ある男性が、「女性にもてたい」と思っているかどうかを判断するとき、私は眼鏡《めがね》と髪型を見る。後になって、顔を合わせる機会があった寛子さんの夫は、一〇年以上前から替えていなそうな、しゃれっ気のない眼鏡をかけ、美容室でカットしたのではなく、「床屋で調髪してきた」らしい頭をしていた。

そして「夫とはセックスレス」の妻たちの多くは、髪と爪の手入れが行き届き、体型の維持をする努力をしている。寛子さん自身が「実は外でセックスしている」という可能性は低そうだ。

セックスは趣味みたいなもの

一章で登場してもらった奈津美さんは、夫の背中をたたいたり、胸をつかまれたりする行為に、セクシュアルなものを感じ、「いずれは復活できるはず」という期待へとつなげていた。寛子さんはどうなのだろう。

「お風呂を出る夫と、これから入る私が、脱衣所で一緒になったときなど、お互いの裸を見たり、身体がぶつかったりする機会はありますよ」

セクシュアルな感情の動きは生まれるのだろうか。

「裸を見ても、べつに何も感じないですね。向こうは『また太ったな』とか思ってるかもしれないけど、アハハ。一緒に入らないのかって？　お風呂が狭いから無理ですよ。あと、二人でスーパーに買い物に行って、夫が発泡酒じゃなくて普通のビールを買いたいというときに、ふざけて肩を抱いてきて、『たまには、いいじゃん』とねだってきたりとか」

脱衣所やスーパーではなく、寝室での身体接触はないのか。

「寝る部屋は別なんですよ。夫はテレビを見ながら、ソファで寝てしまうことが多いんです。そして翌朝、腰が痛いとか騒ぐ。仕方がないから、クッションのいい、高価なソファを頑張って買いました」

ソファを買ったのは、セックスレスになる前か、それとも後だったのかとたずねると、寛子さんは笑い出した。

「そんな細かいこと、どうでもいいじゃないですか。たしかレスになる前ですよ。考えてみれば、別々に寝るようになったのが、ゼロになるきっかけのひとつだったかもしれないですねえ。でもダブルベッドで二人で眠るより、一人で大の字になって寝るほうが、絶対に気持ちいいですよ」

シングルを二台ではなく、ダブルのベッドを購入した新婚当時も、「いずれはセックスレスになる」と思っていたのか。

「最初のころは、子作りという目的があったから、ベッドもダブルでしたけどね。年を取れば、自然になくなるのだろうと、漠然と思っていましたよ」

英代さんが、ふたたび反論を試みた。

「年を取れば……というのはわかるけれど、寛子さんはまだ四三歳じゃないですか。オンナを捨てるのは早すぎますよ。私としては、頑張って若々しくしているという、四八歳の同僚の方に肩入れしたいです」

「そうなのかなあ。私の考えって、変ですかね？」

居合わせた人々の顔を見回す寛子さんに、答える人はいなかった。寛子さんは、独り言のように続けた。

「子作りという大義名分がないセックスって、テニスをしたり、コンサートに行ったりと同じで、趣味みたいなものだと思います。しなくてもいいし、してもいい。そういう、ゆるい感じでいいと私は思うけどなあ」

寛子さんは、また一同に問いかけた。

「ゆるい感じじゃダメですかね？　セックスって、そんなに大事なのかしらね？」

知ったら後戻りできない

寛子さんの関心は、ドーナツからおでんに移行したらしい。大根とごぼう巻を皿に取っている彼女に向かって、英代さんが言った。

「今、思いついたんだけど。寛子さんはエッチで気持ちよくなったこと、あるのかなあ。もしかしたら、あの快感を知らなかったりして？」

「快感って、イク……とか、そういうことかな。知らないわけじゃないけれど、でも、どうしても捨てたくないと思うほど、すごい体験じゃなかったですね、私にとっては」

英代さんは含み笑いをした。

「やっぱりね。スイーツに置き換えたらわかると思いますよ。寛子さんはドーナツの美味《おい》しさを知っているから、もう後戻りできなくて、『次もまた食べたい』と思うのでしょう。エッチの快感を知らないから、なくても平気なのでは？」

「なるほどねえ。ホストとかに狂う女の人は、後戻りできなくなったってことなのかな。でもスイーツは一人で買って一人で食べられるけれど、セックスは、ねえ。私はスイーツでよかったな」

私がマラソンを続けているのは、快感を知ってしまったからだ。大会に出るばかりではなく、ただジョギングするだけでも楽しい。どこまでも走ってゆけそうな万能感に包まれたあと、ほどよく疲れた身体を浴槽に沈める心地よさよ。アフターに日本酒の杯を傾ければ、細胞の一つ一つにアルコールが染み渡ってゆくのを感じる。

もう後戻りはできないと自覚したから、皇居ランニングをするため千代田区に転居したし、旅行に出かけるときも、かばんには必ずランニング・シューズが入っている。

ランナーの睦美さんが、自己ベストを更新するために節制やトレーニングを続けているのは、誰かから強制されたからではない。彼女が「目標を達成したときの喜び」を知っているからだ。

では性の快感はどうだろう。絶頂感を味わった経験の有無は、「このままセックスレスでいい」という彼女の信念に、影響を与えているのだろうか。

セックスレスについて考えるとき、「強い快感を味わったことがあるかどうか」は、重要なファクターかもしれない。もう一度、睦美さんに会ってみようと考えながら、寛子さんの住まいを辞去した。

脳が「ハイ」になる理由

フルマラソンのフィニッシュラインを踏んだときの喜びは、性の快感に似ている。もう走らなくていいんだという安堵感《あんどかん》や、ゴールできたという達成感で心が満たされると同時に、身体も、限度を越えて酷使したあとの快さにしびれる。

また、私は「ランナーズ・ハイ」と呼ばれる、興奮と快感に包まれた状態をときどき味わう。なぜハイになるのかは解明されていないが、ドイツのマックス・プランク研究所で脳内物質の研究を続けている、生理学者にして医学博士の木村昌由美《きむらまゆみ》さんは、こう推測する。

「ストレスを受けたとき、脳はホルモンの一種『エンケファリン』や『エンドルフィン』を分泌するよう指令を出し、痛みをやわらげようとします。ときに『脳内麻薬』とも呼ばれる、麻薬に似た作用を持つホルモンです。ランナーズ・ハイとは、麻薬系のホルモンが、バランスよく、極限まで分泌された状態かもしれません」

長年にわたって走っていても、体験したことが一度もないというランナーも少なくない。その理由を、木村さんはこう説明してくれた。

「性格、価値観、文化的背景、いつ誰とどこで走るか、それを親しい人がどう評価しているかなどが、複雑に関与しながら、ランナーズ・ハイという一定の行動様式が形成されるのではないでしょうか」

人類が現在のように進化したのは、地球環境の変動によって、サバンナで動物を狩る必要にせまられた結果だという説を唱えているのが、アメリカの生物学者デニス・ブランブルと、人類学者のダニエル・リーバーマンである。

人類の身体は「長い距離を、ゆっくり走る」のに適するよう、進化をとげてきたのではないかという、ブランブルとリーバーマンが立てた仮説を受けて、ノルウェーの作家、トル・ゴタスは言う。

〔人類は、多くの種と比べて走るスピードは遅いが、発汗することで体温の上昇が抑えられるため、狩猟時に、足の速い動物の体力を消耗させることができる。訓練すれば、きわめて高い持久力を獲得できるから、暑い日に、レイヨウのような自分よりずっと足の速い動物を狩ることも可能になる」（『なぜ人は走るのか〜ランニングの人類史〜』トル・ゴタス／楡井浩一＝訳　筑摩書房）

人類が生き延びるために走ってきたのだとすると、ランニングによる快感やランナーズ・ハイは、脳内に「走りたいという気持ちにさせる」ための装置が内蔵されていることの証《あかし》かもしれない。

寛子さんがドーナツなどのスイーツを食べ過ぎるのも、かつてつねに飢餓状態に置かれていた人類の脳が、飽食の時代になったことを理解できず、「高カロリーの食品が目の前に現れたら、とにかく食べ尽くせ」という指令を出すからだと解釈することもできる。

それを味わえるかどうかは、やはり「複雑に関与するもの」が決定すると思われるセックスの快感も、人類がそれをしたくなるようにと、インプットされた機能なのだろうか。

みんなはどうなの？

再会を快く承諾してくれた睦美さんは、ランナーズ・ハイを味わったことがなく、フィニッシュラインを踏んだときに、ビリビリとした快感に突き動かされることもないという。

「セックスではどうですか？」

「えーっと、気持ちが良かったことは、あります」

「イクという言葉が実感できるほどに?」

「いちおう、わかるかな」

「また味わいたいとは思いませんか?」

「無理だと思います。結婚と同じで、最初のころは、ただ食事をするだけでも楽しくて、いつもラブラブ……でも、だんだん、日常生活になっていきますよね。新婚のころを思い出して『あのときは楽しかったなあ』と、なつかしくなったとしても、だからといって『また新婚に戻りたい、戻ろう』とは考えないですよね。それと同じです」

睦美さんのショートヘアは、いつも美容院から戻ってきたばかりのように、きれいにラインがそろっている。薄いピンクのマニキュアも艶《つや》やかだ。もしや「セックスレスなのは夫とだけ」ではないのか。

「夫以外の男性? まさか。だっていつも夫と一緒でしょ、無理ですよ。べつに願望もないですし」

あっさりと言い切った睦美さんだが、前回のインタビューでは、私に向かって疑問をぶつけるように、「……なのでしょうか？」と、何度か問いかけた。オンナを捨てたことに対してためらいはないという寛子さんも、居合わせていた人々に「ゆるい感じじゃダメですかね？　セックスって、そんなに大事なのかしらね？」と確認を求めた。

他の人は、どうしているのか。自分の行ないや考え方は、外からどう見えるのか。誰しもが求めている答えを得られる場、それが「女子会」だ。

マラソン大会の打ち上げで出会った女性同士が、「今度は女子会を」と考えるのは、生理への対処法を知りたいからだけではない。他の女性の生き方や価値観に触れ、自らと照らし合わせてみたいのだ。

そしてまた、自分の生き方や価値観を言語化し、整理をつける機会でもある。睦美さんと寛子さんが性について語り出したのは、一対一の「取材」の場ではなく、複数の価値観が存在する女子会だった。

言葉としては古びたものの、この先、セックスレスの取材を進めるにあたり、女子会は欠かせない場となるだろう。

また、二〇年以上前から「女性限定の集まり」を自宅や飲食店で主催し、雑誌やテレビで女子会についてコメントする機会も多い私としては、さらなる意義があることを実感しているが、それは先に送ろう。

二人が「幸せ」な理由

一章で紹介した、仮性レスだと思いたがっている千鶴さんは「セックスというより、安らぎや、包まれている感が欲しい」と言っていた。夫婦間のコミュニケーションが密だという睦美さんと寛子さんは、セックス以外で「安らぎ」や、「包まれている感」を味わう機会があるのだろう。

また、二人とも「自分は満足しているし、夫もそのはずだ」と考えており、夫婦間でのギャップに悩んでいるわけではない。

しかし不倫や依存症の取材で、既婚者の恋愛や家庭外での性関係の事例に多く接している私は、彼女たちの夫に対する信頼感を全面肯定する気にはなれないのが残念だ。

さらに言えば、睦美さんと寛子さんの「私も夫も満足している」という言葉が、本心から出たものだと判断して、この章で紹介したものの、それが「自分にそう言い聞かせるため」や、あるいは内心とは裏腹に、表面をとりつくろっているだけではないという証拠はない。

ともあれマラソンも、セックスも、なくたって生きていける。その一方で、「私の人生には、なくてはならないもの」だとばかりに、切望する人たちもいる。

もうひとつ共通するのは、他者から強制されるとしたら、マラソンも、セックスも、ひどい苦痛をもたらすということだ。

小中学校や高校の「マラソン大会」で、走るのが嫌いになったという人は多い。四〇歳のときにランニングを始めるまでの私もそうだった。それは当然である。ろくに準備運動もせず、走るのに適したシューズもはかず、「走り始めはゆっくり」といった知識もなかったのだから。

セックスが嫌いだという女性たちにも、校内マラソン大会に似た経験があるのだろうか。新たな出会いを求めて、次の女子会へと向かおう。

三章

早くレスになりたい

「痛い男」たち

四人の女性が集まった席で、「セックスレスについて取材を進めている」という話をしたところ、真っ先に反応したのは、緑さんという三五歳の女性だった。

「ぜひ私に取材して！」

そうは言うものの、派遣社員として商社で働いている彼女は独身である。

「私がつきあっている相手の中に、妻とはセックスレスだと自称する男性が何人もいるの」

三二歳のとき、四年にわたって同棲していた恋人と結納を交わした後、婚約を破棄されるという痛手を負って以来、緑さんは、複数の男性たちと同時進行で性関係を持っている。行きつけのバーや、インターネットで知り合った男性とも、よくベッドを共にする。

そうした男性たちと、恋愛や結婚に進むつもりはないため、相手が独身である必要はない。守るべき家庭がある男性のほうが、リスクは低いだろうという理由で、おもに既婚者を相手に選ぶ。

「自称『妻とはセックスレス』の男には二種類いる。本当にセックスレスの人と、妻と不仲であるとアピールすれば、女性に関心を持ってもらえると期待する男性ね」

妻とはセックスレスだと自称する男性を紹介されることになったので、その成果は後ほどレポートしよう。緑さん自身が語りたいことは別にあった。

「ずっと疑問だったことが解けてスッキリしたから、その話をしたいの。何かというと、『痛いセックスをする男』のこと。ＳＭではなく、『こうすれば女性が喜ぶはず』だと誤解していて、サービスのつもりで、グリグリと力をこめて摩擦したり、つまんだりする男性。そういう男性たちの奥さんは、ノーと言わないのかと、いつも不思議に思っていた」

今まで関係した男性の数は「たぶん三〇人ぐらい」、そのうち五人ぐらいに、「痛いこと」をされたという。

「そのうちの二人は最低で、私が『痛いからやめて』と言っても、変に自信を持っていて、『そんなはずはない』とか、『じゃあ、ちょっぴり角度を変えてみよう』などと、さらに続けようとしたっけ」

ファニーフェイスを売り物にしている女性漫才師に、顔立ちや話し方が似ているとよく言われる緑さんの口調は、からっとしていて湿り気がない。複数の相手との同時進行という状態を、「許せない」と感じるタイプの相手の前では、口をつぐむという分別もある。

「痛くて身をよじると、感じているのだと誤解して、『これでどうだっ！』と言わんばかりに、さらに力をこめたりするから困るのよね」

アダルトビデオと現実とを混同している人もいたという。

「女性が快感のあまり泣きわめいて、失神して……というのが普通だと思い込んでいた人にもビックリだったな。私はセックスだけの関係だから、めいっぱい楽しんで、相手も満足そうだったけれど、奥さんは大変よね。そうしたら『妻には拒否され続けていて、もう三年ぐらいセックスレス』ですって」

妻たちが沈黙している理由

　彼らの奥さんは、なぜ、夫の誤解を放置しているのか。その疑問に、緑さんはこんな答えを出したそうだ。

「奥さんたちは、痛いと言えずにいるのだろう」

　糸口となったのは、同居していた元恋人とのセックスを振り返ってみたことだ。

「以前の彼とは円満にセックスしていたけれど、もし痛かったとしたら、ちゃんと伝えられたかどうか。内心で『うーん、その行為は、長く続けてほしくないな』と思っていても、実際に口にしたことはほとんどなかった。私はあまり心地よくないけれど、長時間でないのなら、しばらく我慢してあげましょう……そう考えていたことを思い出したの」

　現在も、「痛い」と伝えるときは配慮するという。多くの男性は、自分の行為に途中でストップをかけられるのを好まないと感じているからだ。

「私は、その男性に愛してもらいたいわけじゃない。顔色やご機嫌をうかがう必要もない。そんな私でさえ、『ちょっと痛いけれど、雰囲気をこわしたくないから、あと少しなら我慢してみようかな』とか、『どう伝えれば理解してもらえるかな』と気を遣うわけよ」

ましてや相手が夫だったら、「ご機嫌をそこねてゴタゴタするよりも、黙っておこう」と考えるのではないかと、緑さんは推測する。

「私がつきあっている相手の中には、浮気や不倫の経験が何度もあり、それでも誤解したままの男性がいる。その理由も発見したのよ」

テーブルの上のワインや料理には手もつけず、緑さんは勢いよく語り続けた。

「やはりセックスは、男性がリードする雰囲気になることが多いでしょう。女性としては『それは誤解です』と指摘しづらいから、黙って我慢する。男性の努力に報いてあげようと、演技をすることもあるでしょう。すると男性は、『このやり方でよいのだ』という確信を深めてしまう。修正されないまま、また次の女性へとバトンタッチ。次の女性も、また耐えて……という繰り返しなのよ、きっと」

その「発見」を誰かに語りたくてたまらないから、取材してほしいと言ったそうだ。


「夫とのセックスが苦痛だからと拒否したり、レスになるのを待ち望んでいたりする妻が、たくさんいると思う。……ねえ、私がここでしゃべったことは、本に載るんだよね？　男性に伝えたいメッセージがあるから、必ず書いてよね」

　その内容とはこうだ。

「妻にセックスを拒否されているという男性の方へ。その原因はあなたのセックスが痛いからかもしれませんよ」

　では妻たちにメッセージを送るとしたら？

「そうだなあ、『あなたの夫のような男ばかりじゃないのだから、他の相手も試してみれば？』かな。いや、不適切な発言だから取り消そう。私みたいな相手と浮気されたくないなら、ちゃんとセックスしたほうがいいですよ、うふふ」

　含み笑いをしてから、緑さんは真顔になって言った。

「結婚している女性が、私はとてもうらやましい。旦那さんのセックスが痛いのなら、ちゃんと伝えて、修正してもらって、いいセックスを楽しんでほしいな。私がヤケを起こしたのは、結婚するのが無理そうだからでもあるのだから」

緑さんの勤務先では、かつて、正社員と結婚する派遣社員の女性が少なくなかった。妻となった女性は退職し、専業主婦になるのがパターンだった。

「でも今は違う。正社員同士で結婚してしまい、派遣にまで相手が回って来ないの。友だちを見ていても、結婚したり、出産したりするのは、みんな正社員ばかり。逆の立場だったら、私も自分みたいな、ろくにスキルのない、いつ失業するかもわからない女性を、奥さんにしようとは思わないから、当然のことだと思う」

キーワードは「面倒」

大学を卒業後、正社員として勤めた会社を五年で辞めたことを、今は悔いているという緑さんは「痛みに耐えていたり、セックスレスになってホッとしたりする妻は、決して少なくない」と考えている。本当にそうなのだろうか。

前出の『からだにいいこと』誌による、読者アンケート結果をふたたび見てみよう。

［正直言うと、夜は布団に入ったらすぐに寝たい。主人はもっとしたいようだが、その気にならない（妻四七歳、夫五七歳）］

この女性は、月六回のセックス回数を「もっと減らしたい」と思っているが、そのために対策を講じたことはない。その理由は［減らすというのは、断るということ。断ると主人は不機嫌になるので］だという。

彼女はまた、［私はまったくなくてもどうということはないのだが、主人は『ありえない』という。その気にならないといけないのでしょうか?］と迷っている。

［疲れて眠いので、月一回ぐらいでじゅうぶん（妻四四歳、夫四二歳）］

そう思いながら、彼女も月三回を維持している。夫のリクエストに応じないと、［喧嘩になって、夫の機嫌が悪くなり、面倒だから］である。

こんな女性もいる。

［面倒くさいし、そんなにいいものでもない。疲れているし早く眠りたい（妻四七

歳、夫五四歳)」

この女性が月三回のセックスに応じている理由は、「(この先、セックスが)できる回数は残り少ないと思うので、できるうちは付き合ってあげようと思う」である。

それにしても、この三人の妻たちは、みんな「眠い」と口をそろえる。二〇〇九年にOECD(経済協力開発機構)が、加盟一八か国における基本的な生活習慣に費やす時間の実態などについて調査した報告書によると、一五歳以上の一日の平均睡眠時間が最も短かったのは、四六九分の韓国で、次は日本の四七〇分だ。

最も長いのはフランスの五三〇分。以下、アメリカとスペイン、ニュージーランド、トルコ、オーストラリアなどが五一〇分を超えている。

ついでに言うと、レジャー時間の過ごし方のうちで、「テレビやラジオの視聴」が占める割合はメキシコが最も多くて四八パーセント、日本は四七パーセントと二番目だ。テレビを消して寝室に向かえばいいのにと思うのは、私がまだ独身だからだろうか。

ともあれ、日本家族計画協会が行なった二〇一〇年の調査で、女性がセックスに積極的になれない理由の第一位は「面倒くさい」が二六・九パーセントで第一位だ。逆にあまり歓迎していないセックスの求めに応じる理由もまた、「面倒だから」なのである。

技巧派

「最低でも月に五回あります。あちこち、なでまわしたりして、一時間以上にわたることもありますよ」

幼稚園と小学校に通う子供が二人おり、「子育てから解放されたら、また仕事に戻るつもりです」と語る三六歳の早苗さんは、スラリとした細身で、ストレートのロングヘアが艶やかな和風美人だ。薬剤師の資格を持っているが、テレビドラマに出てくる、有能な秘書役も似合いそうだ。

「三七歳の夫は、技巧をこらすのが好き。私を喜ばせたくてたまらないのです。身体の姿勢をあれこれと変えたりして頑張ります」

仮性レスだと信じたがっている、一章で紹介した裕子さんや千鶴さんが聞いたら、「うらやましい」と言いそうだ。

「確かに、快感をおぼえることがないでもありません。でも夫が望むほど、いつも、いつも、ものすごく気持ちがいいというわけでは……。いちばん問題なのは、夫が『最後まで、何度もイカせたい』と思っていること。仕方がないから演技をします。私が『イッた』と言わなければ、夫はいつまでも続けようとしますから。とっても面倒です」

また「面倒」が出てきた。

「早く終わってほしいと、いつも念じています。もうひとつ面倒なのは、夫が『今日は何回イッた?』と必ず聞くことです。いつも必ず、です」

必ずという言葉を強調したのには理由があった。聞かれるたびに、早苗さんはこう答えているのだ。

「数えられないから、わからない」

すると夫は、嬉しそうにニマッとするそうだ。その表情を見ると、早苗さんは「やはり、わかっていないのだな」とガッカリする。それというのも、なぜ「数えられない」と答えるのかを、かつて夫に説明したことがあるからだ。

それは五年ほど前、親戚の結婚式に出るため、夫婦そろって新幹線に乗ったときのことだった。親戚の家にほど近い、何度か利用したことのあるホテルに一泊する予定だった。

ふだん寝室以外で、性について夫婦で語る習慣はない。子供のいる居間では「父」、寝室では「オトコ」と、意図的にチャンネルを切り替えているふしもある。旅先で子供がいない解放感からか、夫が例の「ニマッ」という表情を浮かべ、こうつぶやいた。

「あのホテルは、二人でも楽々と入れるぐらい、風呂がでかいんだよな」

子供の前では「父」の姿を崩さないだけあって、家族が増えて以来、自宅で一緒に入浴したことはない。夫がそれを残念に思っていることを知っている早苗さんは、その言葉と表情の意味を理解した。性について語るチャンスだと思い、彼女はこう切り出した。

「いつも『何回イッた？』と聞かれるけれど、女は男と違って、『これで一回、これで二回』と数えられるような、はっきりしたピークはないの。ゆるい傾斜の坂道を、上がったり、下がったりしている感じなの」

しかし夫は、「ふーん」と気のない相槌《あいづち》を打っただけだった。

演技を続ける理由

「男性の快感が富士山に代表される独立峰に似ているとすれば、女性はアルプス山脈のように、いくつものピークがある」

早苗さんと私との間では、そう意見が一致した。付け加えるならば、三〇人以上の男性と経験がある緑さんも同じ意見である。

結婚式に出席した晩、ホテルの浴室でも、早苗さんは「演技」をした。なぜ夫に、真実を伝えないのだろうか。

「伝えても、伝わらないからです。私は別に、イキたいわけじゃない。それを理解できない夫は、『これでイケないなら、こっちはどうだ。エイッ』と、次の技巧にチャレンジしちゃうでしょう。まるで格闘技みたい。本当はイッてないと真実を伝えたら、結局は私が損をします」

微妙な感情が生まれるのには理由がある。早苗さんと夫、二人の子供が住む家は、会社のある銀座《ぎんざ》まで地下鉄で二〇分という好立地の庭付き一戸建てである。結婚が決まったとき、早苗さんの両親が、複数所有する賃貸アパートのひとつを売却し、資金の援助をしてくれたのだ。

月々二万円を返済するという約束を守ってはいるものの、いわゆる「親ローン」である。おかげで早苗さんは、仕事を辞めて育児に専念することができた。

間取りにもこだわった注文建築である。二階には子供二人それぞれの個室とクロゼットがある。夫婦の寝室は、階下の物音や気配の響かない三階だ。

「夫は友人たちに、『逆玉』とからかわれたり、『いい嫁さんもらったな』とうらやましがられたりするのが嫌いです。微妙にプライドを刺激されるようです。それから、実は私」

言葉を切った早苗さんは、しばらくためらってから続けた。

「離婚歴があるのです」

反応をうかがうようにこちらを見ている早苗さんに、私も離婚歴があると伝えると、表情がやわらいだ。

「今の夫は初婚でしたから、私の両親には、『キズモノの娘ですみません』みたいな意識があり、家を建てる資金を出してくれたのも、そういう感情が尾を引いています」

薬局に就職した早苗さんは、二三歳のとき、大学の医学部に勤める医師と結婚するも、二五歳で離婚し、二九歳で再婚した。

「私はバツイチを恥じてはいないけれど、今の夫の前で昔の話をしないよう、気を遣っています」

離婚した元夫は、現在、ＥＵ圏内の医療施設で研究を続けている。英語で論文を書き、同僚である研究者たちとは、フランス語やドイツ語で会話を交わすという生活だ。

一方、あまり名の知られていない私立大学を卒業し、商社の関連会社に勤める現在の夫は、早苗さんによれば「のほほんとした性格で、出世しそうにはないけれど、上司にかわいがられ、同僚や後輩にも人気のあるタイプ」だ。

「今の夫は、ライバル心を燃やしたり、闘志をむきだしにしたりする性格ではないのですが、やはり元夫との学歴や肩書きの差を、つい意識してしまうようなのです。私が再婚を決意したのは、今の夫が『癒し系』だったから。でも夫にそう言ったら、コンプレックスを刺激しそうなので、黙っています」

現在の夫と出かけたレストランで、早苗さんの高校時代の同級生とバッタリ会ったことがある。

「私の離婚も再婚も知らない彼女が、まったく悪気はなく、以前の夫と取り違えて、『今はどちらの大学に？　もしかして外国？』と言ってしまったのです」

夫は「いや私は、普通の会社員ですから」とボソッとつぶやいた。その様子から同級生も察したらしく、早々に話を切り上げ、立ち去った。

「食事をしている間、夫はブスッとしてみたり、急にはしゃいでみたり。以前の夫と取り違えられたのは気に食わない。でも、自分が『気に食わない』と感じていることを認めたら、以前の夫に嫉妬《しっと》していることも、同時に認めることになりますよね。私自身は、離婚という過去があるからこそ、今の自分があり、現在の夫と出会うこともできたと考えています。今の夫も、基本的にはポジティブな人だから、私と同じ考えです。でも理屈じゃない感情が、『触れられたくないキーワード』として、しつこく居座っているのでしょう」

征服したい

のほほんとしていて、ライバル心を燃やすようなこともない夫が、唯一、闘志をむきだしにする場面、それがセックスである。

「夫が私をイカせたがる理由、それは『征服したい』からではないでしょうか。私を自分の思いのままに操ることで、安心したいという気持ちがあるのだと思います」

彼女の発言を聞いて、私は「代償行為」という言葉を思い浮かべた。説明するために買い物依存症を例にとろう。

買い物に依存している人たちは、ほぼ例外なく、何らかの強い葛藤を抱えている。私の場合は「今の会社で頑張り続けるべきか、新天地に飛び出すべきか」という迷いだった。

欲しいような気がするバッグを店頭で見つけたとき、私はやはり、強い葛藤にとらわれる。このバッグを買うべきか、我慢して帰るべきか。迷いながら、店の前を何度もウロウロする。気分を変えるために化粧品店に入ってみると、今度は新色の口紅が気になり、葛藤はよけいに深まる。

バッグも口紅も買う。両方とも買わない。片方だけ買う。さあ、どうする？

二軒の店を行ったり来たりしたあげく、両方とも買うことにする。その瞬間に「買うか、買わないか」という葛藤は雲散霧消して、目の前がパーッと晴れやかになる。

仕事に関する葛藤はまったく解決されなくとも、買い物によって、「ひとつ片付いた」という満足感や達成感を、とりあえず味わうことができるのだ。つまり私は、仕事では得られないものの代償行為として、買い物を繰り返していたのである。

早苗さんの夫にとって、セックスは夫婦関係のアンバランスを是正するための、代償行為なのだろうか。

「今、話しているうちに気がつきました。私はセックスで夫を操縦できているのかもしれません。イクふりをしてあげるのが、私なりの愛情ということになるのかな」

こうして文章にしてみると、早苗さんが葛藤にピリオドを打ったようにも受け取れるが、彼女の表情はスッキリしていなかった。

「もうひとつ、気がついてしまったのですが。夫が私を征服したがるのは、大きさも関係しているでしょうね」

バランス・ゲーム

人差し指で唇をモジモジといじった早苗さんは、言葉を続けた。

「実を言うと、あまり大きくないのです。それほど経験のない私でも、『あれっ、もしかして、小さい?』と思ったほどです。私たち女性が思っている以上に、男性は

『大きさ』を気にするらしいですよね。衿野さんは、あちこちで、そういう話を聞いていらっしゃるんじゃありませんか？」

どうやら彼女は、考えをまとめる時間を得るために、語り手の座を譲りたくなったようだった。私が「サイズにこだわる男性たち」にまつわるエピソードを披露している間、早苗さんは相槌を打ちはしたものの、視線はこちらに向いていなかった。

「なるほど、そうなんですね。男性って、どうして、そんなに子供っぽいのでしょうね」

早苗さんは、また唇をモジモジといじった。

「そのぶん、こっちはオトナにならないといけないわけですよね。学歴だとか、サイズだとか、ひっくるめて言えば、男のプライドってやつ？　そのプライドを、私は理解してあげて、配慮して、気を遣ってあげています。男ってかわいい……と思えればいいのでしょうが、正直、面倒くさいです」

もし男性に、私たち女性の気持ちを伝えたら、理解と配慮に対して感謝するどころか、「オレは、そんなつまらないプライドなど、持ち合わせていないぞ」と、怒り出すだろう。私がそう言うと、早苗さんはうなずいた。

「そこまで読まれていると知ったら、夫はショックから立ち直れないでしょうね。もし打ち明けるとしたら、離婚する覚悟がいりますね。夫に『セックスで気持ちよくさせてやっている』と思い込ませていれば円満ですが、演技するのは疲れる。それに、なんだか悔しい。もっと言えば、哀しいような、寂しいような、情けないような。こっちは、そこまで考えているのだから、せめてピークの形が男と違うことぐらい、ちゃんと理解して、配慮してよと言いたい気持ちです」

今度は「ふぅっ」と息を吐いた早苗さんは、こわばりをほぐすように、首をぐるぐると回した。

「こうして話していると、整理がつくどころか、どんどん複雑になっていきますね」

セックスレスになる日を待ち望んでいるのは、「演技」をするのが苦痛だからだと早苗さんは言っていた。

しかし彼女が演じているのは、絶頂感だけではない。夫のプライドや子供っぽさを理解し、配慮していながら、「気付かないふり、何も考えていないふり」を続けていることにも、早苗さんはうんざりしているのである。

「セックスレスになれば、この苦痛も終わりだと思っていましたが、こうしたモロモロを考えてみると、どうでしょう。セックスからは逃れられても、夫とのバランス・ゲームからは自由になれないような気がします」

狭いツボ

葛藤の深さに改めて気付いたと言いながらも、思いのたけを語ってスッキリしたのだろう。表情をやわらげた早苗さんは、コーヒーカップに手を伸ばした。

「うちの夫は、私がイキさえすれば……というか、イッたふりをすれば満足して、寝てしまうから、まだマシなのかもしれません。友だちに、もっと苦労している女性がいます」

その女性の名前は純子さん。夫婦とも三三歳だという。子供はいない。夫はＩＴ関係の企業に勤める技術者で、彼女は不動産会社の契約社員だ。

「純子さんの夫は、セックスのたびに、必ず富士山頂に立たないと納得しないそうです。早く終わってもらうために、いろいろしたり、させられたりするのも大嫌いだから、早くセックスレスになりたいと、いつも純子さんは言っています。彼女の話も聞いてあげてください」

ならばと、純子さんと早苗さん、私の三人で、ふたたび集まることになった。小柄でキビキビとした動作が印象的な純子さんは、事前に早苗さんと打ち合わせしておいてくれたのか、最初から饒舌《じょうぜつ》だった。

「うちの夫は、ツボが狭いんです。ツボというのは、つまりその……男性がフィニッシュするときのツボです。こういう形で、こんな刺激を受けないと、最後まで行けない……というツボが、すごく狭いところで固まっていて、そこからずれると、いくら続けても、フィニッシュしないのです」

夫の「ツボ」に合致する姿勢を取ると、純子さんの側には痛みが生じる。

「うちは早苗さんちの旦那さんと違って、テクニック重視じゃない。全身でガンガン責めてくるほうです」

結婚前に性交渉はなかったのだろうか。

「独身でつきあっていたときは、それほど意識しませんでした。二人とも親元にいたので、セックスできるのは月に一度ぐらい。ホテルですから、ふだんとは違う感じで、時間もたっぷりかけていました。そのためか、あまり痛みは感じませんでした」

三人で顔を合わせたのは、純子さんの自宅だった。新宿《しんじゅく》から電車で約三〇分の駅から、歩いて五分ほどの位置にあるマンションで、おととし購入したそうだ。

部屋はきっちりと片付いており、洗面所やトイレも清潔で、柄のそろったタオルを規則正しくたたんで並べてある。今日のように、週末、夫がゴルフで留守をすると、純子さんは早苗さんを招いて、夫についての愚痴をこぼし合うという。

「ホテルでするのと、自分ちでするのとでは、やっぱり違いますよね。デートと日常は違うし。そのことだけというわけにいかないし。仕事も忙しいから、時間をかけたくない気持ちもあるし」

究極の選択

純子さんの話を、私なりに整理してみよう。

日常生活から隔離されたホテルと違って、自宅では「そのこと」、つまりセックスだけに集中できない。独身時代にデートしているときは、ベッドの中で眠らずに過ごす時間が貴重に感じられたものの、結婚してみると、家事も、仕事もきちんとこなす純子さんは、セックスより睡眠を優先したいと感じている。

「悪循環かもしれません。夫に求められると、私は『いやだな』と反射的に思う。だから時間をかけたくないと、いろいろやって、さっさと終わる方向に持っていこうとします。だから受け入れ態勢ができていなくて、やっぱり痛い。だからまた、いやになるのです」

悪循環を断つために、時間をたっぷりかけてみようとは思わないのか。

「いやだなあと思うようになって、もう三年以上がたちます。セックスへの興味がなくなり、『とにかく早く終わってほしい』としか思えません」

それでも彼女は我慢を続けている。

「痛くてたまらないのは、フィニッシュの直前のときだけ。動きが激しくなって、いよいよ……という感じのときです。時間にしたら何分でもありません。そのときに『痛い』ともし言ったら、夫は白けてしまい、ふにゃんとなってしまうでしょう。そうしたら、またやり直しで、いろいろと、しなくちゃならない。いろいろ、いろいろのあとで、フィニッシュ直前になれば、また同じツボにいくわけだから、結局は痛い思いをします。だから我慢したほうが、かえって楽なのですよ」

たびたび繰り返された「いろいろ」という表現が気になる。

「サービスというのでしょうか、私が夫にしてあげること、です。夫はそっちのツボも狭くて、『この角度で、こういう具合に、こう舌を使うと気持ちがいい』とか、パターンが決まっています。もちろん私は、口でするのなんか大嫌い。でも夫は喜んで、どんどん先へと進むから、フィニッシュまでの時間は短くなります。ちょっと嫌なのを長く我慢するか、うんと嫌だけど、そのぶん早く終わるほうを選ぶか。究極の選択ですね」

苦痛を訴えたこともあるが、夫は不機嫌になるだけだったという。

「私はセックスを断りたいだけなのに、夫は、自分という人間が拒否されたのだと考えてしまうようです。早苗さんの言う男のプライドですね。ぐちゃぐちゃ、うるさいんですよ。全然関係のない、私の親の態度がどうだったとか、そういうことを持ち出してくる。欲求不満でイライラしているんだと、受け流すことにしていますが、面倒です」

一気にまくしたててから、純子さんはこう付け加えた。

「セックスは面倒ですが、断ってガタガタするのも面倒くさい。ここでも私は究極の選択をしているのです」

早苗さんがうなずいた。

「私もそうだから、話が合うのよね」

子供を産むまでの我慢

「そろそろ子供が欲しいので、セックスレスになるわけにはいきませんが……妊娠したら、堂々と断れるのが楽しみです」

由紀子さんという二八歳の女性は言う。結婚して二年になる同い年の夫とのセックスが、なぜ、そんなにいやなのか。

「夫が熱心すぎるんです。いろんな体位を試したがるから、終わるといつも筋肉痛です。それに夫は、『こうすれば気持ちがよくなるはず』と信じていて、いろんなことをしてきます。私が『痛い』と言っても、『うんうん』と生返事をするだけです。自分に対してもサービスしてもらいたがります。あそこを触ってとか、なめてとか、指を入れてとか……」

恋人としてつきあっていた時期には、遠慮があったためか、それほど要求はされなかったという。苦痛を感じていることを、夫に伝えているのだろうか。

「あんまり言ってないです。夫は、私がここまでいやがっているとは思っていないでしょう」

なぜ、我慢を続けるのか。

「ひとつは、夫が不機嫌になるから。途中で『もういい、やめた！』と叫んで、背中を向けて寝てしまうことがあります。もう続けなくていいのだと、ホッとするけれど、そんなときの翌朝は、ろくに口もきいてくれない感じです。それと、さっきも言ったとおり、妊娠するまでの我慢だと思うから。子供は二人欲しいから、もう一回、我慢する時期があるかもしれないけれど……」

では子供が二人生まれた後は、一生ずっとセックスレスでよいのだろうか？

「微妙ですね。私は浮気とか不倫とかができる性格じゃないから……。夫も気の小さいところがあって、『うっかり浮気して、トラブルに巻き込まれたら大変』と、私が拒否しても、外に向くことはないと思いますが……。たとえば出産したあと、『乱暴にしちゃいけない。優しく、手短にすませるべきだ』と夫が考えてくれて、今とやり方を変えてくれれば、私も考えます」

ノーと言わない国

セックスや不倫、依存症といったテーマに接近するようになって以来、自宅に招いたり、招かれたりする機会が増えた。料理や飲み物を持ち寄り、ホームパーティー形式での語らいになることも多い。

話が一段落し、皿やグラスも空っぽになると、招いた側が「お茶かコーヒーをいれましょうか」ということになる。多くの場合、飲み物だけではなく、デザートが運ばれてくる。私はそこで、いつも困惑する。

それというのも、私のスイーツの〝ツボ〟は狭い。特にチョコレートやクリームを使った洋菓子は苦手だ。

「さあ、どうぞ、ご遠慮なさらず。衿野さんのためにと思って、行列して買ってきたマカロンですよ。抹茶とチョコとイチゴ、ぜひ三種類を食べ比べてみてください」

スイーツですら、「ノー」とは言いにくい。これはわが国の習慣でもある。ノーという一言ですませるのではなく、「考えさせてください」や、「後でこちらから連絡します」と婉曲《えんきょく》に伝えるのがマナーとされているのだ。まして「秘め事」とされてきた性について、自らの意思を相手に伝えるノウハウは育っていない。

早苗さんが口にした「絶頂感」や「イク」という表現も、微妙なニュアンスを伝えきれないから、富士山やアルプス山脈といった比喩で、補足をしなくてはならない。純子さんが夫に向かって口にするのをためらっている「痛い」という言葉にも、ネガティブで、相手を拒絶するかのような響きがある。

それは彼女たちのボキャブラリーが貧困だからではなく、そういうことを伝える日本語が成熟していないからなのだ。早苗さんの「演技」も、純子さんの「究極の選択」も、本人だけの責任で生じた問題ではない。

数多くの男性と性関係を結んでいる緑さんの「結婚できない理由」が、個人の資質ばかりではなく、雇用形態の変化や不況と関係しているのと同じである。また、一章で触れたとおり、日本人夫婦のセックスレス率の高さが、住宅問題や労働時間の長さのあらわれであるのとも共通する。

ふたたび日本家族計画協会による二〇一〇年の調査を引用すると、セックスに積極的になれない理由の二位は、男女とも「出産後何となく」である。この結果に対して、第一子の出産後セックスレスになったという、現在四五歳の女性は言う。

「もし私が、このアンケートに答えるとしたら、やはりこの項目を選ぶとは思いますが、本当は『何となく』ではなく、はっきりした理由があります。夫に対して腹が立ち、本気で離婚も考えたほどです」

出産時に切開した傷口が、ちゃんとふさがったかどうか心配でたまらないのに、夫はセックスを再開したいと迫ってきた。

「怖いから、医師に診《み》てもらうまで待ってと言っても、夫は『そっとするから大丈夫だよ』と、何の根拠もないのに押してくる。こっちは子供の世話で疲れきって、眠くてたまらないのに、夫は『だって家にいるのだから、昼寝ぐらいできるだろう』です。キスや、抱きしめてもらうのは歓迎ですが、夫はキスだけ、抱擁だけでは満足せず、セックスにまでもっていこうとするから、スキンシップも避けました」

妊娠・育児期の夫婦のセクシュアリティを研究している、青森中央短期大学の玉熊《たまくま》和子《かずこ》准教授（看護学）は、朝日新聞の記事「産後の夫婦　試練のとき」で、こうコメントしている。

「カップルが性的に対等で、お互いの性的欲求についてきちんと話し合うことが大事」（二〇一二年一月二十五日）

産後だけではなく、すべての夫婦に通じるアドバイスであろう。では、どうすれば「性的に対等」になれて、「きちんと話し合う」ことができるのか。また、「面倒くさい」からと、セックスを避け続けた夫婦が、どうなっていくかも気になるところだ。

先を急ぎたいところではあるが、セックスレス状態に不満を感じている妻たちの声を、次の章でじっくり聞いておきたい。

四章

本音が言えない妻たち

ダブルベッドかシングルか

マラソンを始めると同時に、皇居ランニングをするため千代田区に引っ越した。ところが私が結婚する予定の相手は、生まれ育った新潟県魚沼《うおぬま》市に今も住んでいる。魚沼でも原稿は書けるけれど、取材や打ち合わせには東京のほうが便利だし、テレビや講演の仕事もある。そこで現在の住まいを仕事場として維持し、魚沼と東京での二重生活を送ることにした。

私の住まいがあるマンション内の駐車場料金は一カ月四万二〇〇〇円である。一方魚沼では、八畳とキッチン、駐車場もついたアパートの賃料が四万二〇〇〇円だ。その差を反映して、魚沼で私の居場所となる部屋は、現在の住まいがすっぽり入るほどの広さがある。そんな新しい環境にふさわしいのは、ベッドか、それとも布団かと、思案しているところだ。

「二重生活を送るのならば、一緒にいられる時間を大切にしたほうがいいですよ。うちもそうですが、ダブルベッドをおすすめします。身体が接触する機会が多ければ、セックスレスなんかにはなりませんよ」

そうアドバイスしてくれたのは、月に七回前後を維持しているという五一歳の女性だ。しかし、セックスレス歴八年目に突入したという、四一歳の優香理さんは首を横に振った。

「それはね、お宅がもともとラブラブ夫婦だからですよ。うちもダブルだけどセックスレスです」

彼女は分厚い布団にくるまって眠るのが好きだが、夫は薄くて軽い羽布団を気に入っている。そのためシングルサイズの掛け布団を、別々に使っているそうだ。

「ベッドも別にしておけばよかったと後悔しています。布団か、シングル二台のほうがいいですよ」

今日もまた、四人の女性で語り合う会を、私の自宅で開いている。祖母の形見の帯や、古いアルバムの詰まったダンボール箱などを魚沼に送ったので、部屋がすっきりした。ここでインタビューをする機会は、さらに増えそうだ。

「今日は全員がダブルなんですね。うちもダブルベッドなんですよ。ダブルサイズの掛け布団に、一緒にくるまって寝ています。以前だったらダブルベッドをおすすめしたけれど、今は、そうだな、『いっそ部屋を別々にしたほうが、新鮮さを保てるからいいんじゃないの？』という感じかな」

そう語る明美さんは四二歳で、四三歳の夫、高校生の息子と三人で暮らしている。大手メーカーに勤める夫の収入で生活はできるが、生きがいが欲しいから働いているという。

「学生時代に取得した行政書士の資格を活《い》かして、弁護士事務所にパートタイムで勤めています」

ほっそりとした身体に、上等そうな卵色のニットセーターを着た明美さんは、セミロングのふんわりした髪の手入れが行き届き、実際の年齢よりもずっと若く見える。お茶請《う》けにと用意した、魚沼名物「しんこ餅」を、明美さんはひとつだけ、時間をかけて食べた。

「食べるものには、わりと気をつけているほうです。結婚するとき、夫から『もしブクブク太ったら、愛し続ける自信がない』と言われましたし、私も外見を気にするほうですから。甘いものを食べた日は、夕食のご飯を減らして調整します」

恵まれた環境なのに

息子の部屋と、夫婦の寝室は、どちらも二階にあるものの、その間に八畳の和室があるという。恵まれた環境で暮らしている明美さんは、なぜ、「以前だったらダブルベッドをおすすめした」などと言うのだろう。

「三年ぐらい前までは、うまくいっていたからです。確かにダブルベッドだと、身体が触れ合うことが多くなります。うちもベッドに入ってから、なんとなく身体を寄せ合って、どちらからともなくキスをして……というパターンで、週に三回ぐらいは維持していました」

すると優香理さんが「えっ、週に三回も！」と声をあげた。

「えーと、どう言えばいいかな。毎回、必ず、最後までというわけじゃないんです。

夫は元気いっぱいというタイプではなくて、じゃれ合っている時間のほうが長いの。結合しようとしても、うまくいかなくて、またじゃれ合って、タイミングを待つ感じでした」

そう言ってから、明美さんは「あらいやだ」とつぶやいた。

「待つ感じでしたって、私ったら、もう過去形で言ってますね。あきらめたわけじゃないけれど、やっぱり無理なのかなあ」

明美さん夫婦の間には、さまざまな暗黙のサインがあった。

「ひどく疲れていたり、眠かったりすると、『おやすみ!』と言って、身体を離すのが『今日はなしで』というサインでした。それから『二回続けて断ったら、次は自分から積極的に誘う』です」

しかし、あるとき、いつものようにじゃれ合い、さて……というときになって、夫が「おやすみ!」と言った。数日後も、さらに数日後もそうだった。

「おかしいなと思ってカウントしてみたら、夫は六回続けて断ってきて、しかも自分からは誘っていないのです。三カ月もないことに気付いて驚き、私から身体を寄せて、腕枕をしてみました。なのに夫は、また『おやすみ！』でした」

まず疑ったのは「浮気」だった。

「でも帰宅時間は以前と変わりません。遅くなっても九時か一〇時だし、夕食に間に合わないときは、電話をかけてきます。ケータイだって、いつもどおり、ロックもかけずに放り出しています。たぶん真実は……」

しばらく言いよどんでから、再び口を開いた。

「たぶん夫はEDです。そのことを、すごく気にしているのだと思います」

バイアグラを飲めばいいのに

EDとは「Erectile Dysfunction」の略で、日本語に訳すと「勃起機能の低下」である。定義は「満足な性交渉をするために十分な勃起を達成できない、あるいは維持できない状態」とされている。性交渉がまったくできない「完全型」や、たまにはできることもあるという「中等症」、そして「軽症」とに分けられる。

「うちの夫は、たぶん以前は『中等症』で、今は『完全型』になったのだと思います」

優香理さんが「だったらバイアグラを飲めばいいのに」と口をはさむと、明美さんは「無理でしょうね」と即答した。

「元気が足りなくて続行できなくなることが、以前もありました。そうすると『お前が眠そうな顔をしているから、気が乗らなくなった。そろそろ寝よう』だなんて、私のせいにしたがりました。どちらかというと亭主関白タイプで、自分がリーダーシップを取りたがるほうですから、EDという状態にプライドが傷ついているのだと思います」

EDの治療薬を製造・販売しているファイザー製薬のホームページには、女性向けの三択クイズがあり、EDについての理解度をチェックすることができる。事前に予習していた私は一五問とも正解の満点で、明美さんは一二点だった。

クイズに答える中で、喫煙者はEDになるリスクが高まるということを知った明美さんは大きくうなずいた。

「夫はヘビースモーカーです。周囲がどんどん禁煙するので、かえって意固地になっているみたい」

現在、もっともポピュラーなＥＤの治療法は、薬の服用である。優香理さんの言う「だったらバイアグラを」は、ある意味で正解だ。

しかしバイアグラには副作用もあり、医師による診断と処方が必要である。男性にとって、「私はＥＤかもしれません」と受診したり、治療薬を処方されたりするのは、屈辱的に感じられるらしい。女性が痔を放置しがちなのと似た心理なのだろうか。このあたりは、改めて男性たちにホンネを聞いてみる必要がありそうだ。

また、セックスをめぐる駆け引き、つまりバランス・ゲームが葛藤を複雑化させている夫婦も少なくない。

しかし、日本性機能学会が策定した「ＥＤ診療ガイドライン」によると、「パートナーを評価・治療方針の決定に関与させることが望ましい」とされている。ここでも、現実には簡単にはいかない「夫婦間での話し合い」が必要なのである。

ファイザー製薬の推定によると、二〇〇二年のデータだが、日本には一一三〇万人の患者がいるとみられるものの、治療を受けたのは、そのうち約九一万人だという。セックスレスの理由が「夫のＥＤ」だという夫婦は、明美さんたちだけではない。

私のせいにしないで

明美さんは言う。

「夫は挿入にこだわりすぎだと思います。別に、入れなくてもいいんです。じゃれ合うだけで満足なんです。でも私から求めても無理なんです」

誘いかけを「眠い、おやすみ」と拒否されても、明美さんはあきらめなかった。しかしレスになって半年を過ぎたころから、夫は新たな対処法を見出した。

「お前は元気だよな。楽をしているんだなあ、うらやましいよ」

夫にそう言われると、明美さんは身体を遠ざけずにいられない。効果があることに気付いた夫は、からかうような口調で、何度も繰り返すようになった。

「私の人生を否定しているのと同じです。セックスなんか、意地でも求めるものかと思ってしまいます」

明美さんは都内の有名な私立大学の法学部を卒業している。同級生には裁判官や弁護士もいる。大学を卒業後、一般企業に就職してから、行政書士よりワンランク上と言われる司法書士資格に何度か挑戦したが、合格には至らなかった。

二七歳で結婚すると、家庭を優先することにして退職した。彼女の中には「もっと上を目指せたけれど、家族のためにあきらめた」という想いがある。

「家族の犠牲になったとも言えるのに、まるで私が怠け者だから、自分が楽をしたくて、パートで仕事をしているのだと言われているように感じてしまいます」

夫の収入で暮らしていけるが、生きがいを求めて働いているという発言は、余裕のあらわれではなく、切実な想いがこめられていたのだ。

今、明美さんが不安なのは、「夫への愛情がゼロになり、離婚したくなってしまうこと」だという。

「夫は離婚なんて考えたこともないでしょう。息子を溺愛《できあい》していますし、私にひどい言葉を投げつけるのは、安心しきっているからだと思います」

優香理さんが深くうなずいた。

「男って、どうして安心しちゃうんでしょうね。うちの旦那もそうです。セックスなんかしなくたって、妻は逃げていかないぞと思っているんです」

ケータイを出して見せてよ

小柄でかわいらしい顔立ちをした優香理さんは、セックスレス八年目に突入した今も、二、三カ月に一度の割合で、夫を誘い続けている。

「夫は笑ってごまかすか、『疲れている。眠い』とあっちを向くかです。私が面倒になって、それで終わることもありますが、ときどき深追いをして、最後は喧嘩になります」

夫は、自分以外の女性と性関係を持っているのではないか。そんな不安を抱いている優香理さんは、夫に拒否されると「やはり」と疑惑を深める。そこで夫に「浮気してるんでしょ?」とストレートに聞いたり、「やましいことがないと言うなら、今、ここで、ケータイを出して見せてよ」とせまったりする。

「夫は逆切れして、『今ここで見せるまでもなく、勝手に何度もチェックしているだろ。気付かないとでも思っているのか！』などと言い返してきます。言い争いになって、ずっと以前の喧嘩を蒸し返したりして、最後は夫が『もういい！　寝る！』と背中を向けるのがいつものパターンです」

それでも翌朝、優香理さんは普段どおりに朝食を用意して、夫にも笑顔を向ける。高校生と中学生の娘に、夫婦喧嘩をさとられたくないからだ。夫は公立高校の教員で、優香理さんは公立中学校で事務の仕事をしている。家族四人が、それぞれ別の学校へと向かう、忙しい朝の時間を優香理さんは大切にしたいと考えている。

「セックスの誘いを夫婦喧嘩にすり替えるのは、夫の作戦ではないか。そんな気もしてしまいます。でもたしかに、離婚なんか考えたことはありません。実際のところ、夫は浮気していないと思うんですよ」

夫の言うとおり、ケータイをチェックしたことは何度もあるが、ロックはかかっておらず、怪しいメールもなかった。明美さんが「ママに削除しているのでは」と疑問を投げかけたが、優香理さんは首を振った。

「おたくと同じで、うちも帰宅は早いんですよ。つきあいで飲み会に出ても、二次会はパスして帰ってきます。チェスと麻雀が趣味で、家でビールを飲みながら、インターネットでゲームを楽しむのが大好きな人なんです」

夫はなぜ、セックスを拒否するのか。

「疲れていて眠いのは、本当だと思います。政策がコロコロ変わるせいで、教育現場では余計な手間が増え、事務仕事も多くなりました。生徒の親からのクレームにも、神経をすり減らしています」

優香理さんの夫は、かつて、こう漏らしたことがあるそうだ。

「リアルで麻雀をしたことは何年もない。やれば徹夜になってしまうし、とめどなく熱中してしまうのがわかっているから、封印しているんだ。チェスだってそうだよ。あれほど夢中だった趣味さえ我慢しているのだから……」

夫が言葉にせず「……」とぼかした部分を、優香理さんはこう推測する。

「ましてセックスなんか、する気力も体力も時間もない。そう言いたかったんだと思います。たぶんホンネでしょう。セックスする時間があるのなら、チェスか麻雀をしたいのですよ、うちの夫は！」

それでもあきらめない理由を、優香理さんはこう説明した。

「求めるのをやめたら、『私はもうオンナじゃない』と認めるみたいで悲しいからです。それにやっぱり、夫の肌のぬくもりを感じたいと、切なく思うことがあるからです」

浮気への疑惑は薄れたものの、優香理さんは、また新たな不安を抱えている。

「夫が痴漢をして逮捕されやしないか。それがいちばんの気がかりです」

レスと痴漢

法務省は二〇〇六年、刑事施設において「性犯罪者処遇プログラム」の実施を始めた。カナダ矯正局の取り組みを参考に、日本独自に開発された同プログラムは、性犯罪受刑者の再犯リスクを「低」「中」「高」の三段階に分け、リスクのレベルに応じた内容を受講させることになっている。

性犯罪への厳罰化が進むと同時に、痴漢、強姦、窃視などを「病気」と認定し、治療をしていこうという動きも進んでいるのである。警視庁のまとめによると、一三歳未満への強姦や強制わいせつで服役し、二〇〇五年六月以降に出所した七四〇人のうち、一〇五人がふたたび性犯罪で摘発されている。そのうち五四パーセントは出所後一年未満だった。治療プログラムによって再犯を防止し、性犯罪の被害者を減らそうという狙いである。

実施が開始されて以来、年間約五〇〇人の性犯罪者がプログラムによる治療を受けている。とはいえ出所後のケア態勢は整っておらず、再犯防止や治療を目指す医療機関はほとんどない。その中で、先駆的な取り組みを行なっているのが、池袋《いけぶくろ》と新大《しんおお》塚《つか》、飯田橋《いいだばし》と三か所にある「榎本《えのもと》クリニック」である。

優香理さんが心配している痴漢行為は、「迷惑防止条例違反」であり、受刑に至ることは少ないが、性犯罪の中でもっとも多いと言われている。

また、アメリカのプロゴルファー、タイガー・ウッズが「性依存症」と診断されたように、犯罪には至らなくとも、性産業通いや、複数の相手との性交渉なども、治療の対象とされることがある。

榎本クリニックで、性依存症者を対象にしたプログラムのディレクターを務めている、精神保健福祉士・社会福祉士の斉藤章佳《さいとうあきよし》さんは、性依存症をこう定義している。

「性の行為や衝動によって、なんらかの社会的損失（逮捕、離婚、失業など）や、身体的損失（性病など）があるのにもかかわらず、その行為をやめられずにいる状態を言う」

優香理さんの夫が痴漢行為をしているかどうかは、判断のしようがない。人はなぜ痴漢をするのか、「やめる」ことが本当にできるかなどは、まだ明らかになっていない。斉藤さんは言う。

「セックスレス問題と性犯罪や性依存症との関係は不明ですが、私が関わってきた既婚の痴漢常習者は、ほぼ全員が、奥さんとはセックスレスでしたよ。しかしセックスレスだったから痴漢になったのかと言えば、そうではありません」

痴漢も再犯率が高い。警視庁が二〇一〇年に実施した、首都圏での痴漢の集中取締まりでは、期間中に検挙された七七人のうち、二九人が過去にも痴漢行為で検挙されたことがあった。再犯の防止には、治療的なアプローチが必要とされているが、本人や家族がその必要性に気付かず、強制もされないため、放置される場合が多い。

榎本クリニックを受診した大半の痴漢常習者が、妻とはセックスレスらしいと告げると、優香理さんはため息をついた。しかし私が「セックスレス状態を脱した夫婦にも取材をしている」と話すと、目を輝かせた。

「秘訣《ひけつ》がわかったら、ぜひ教えてくださいね。私も絶対に脱出してみせます！　そうすれば、痴漢の心配もしなくてすみますから」

二人で五合

東京での住まいに招いた相手が、手土産を持ってきてくださると、帰りぎわにお返しを差し上げることにしている。このごろの定番は「魚沼産コシヒカリ」である。

「お宅では、ご飯を一度に何合炊くの？」

その答えに応じて、二合なら二合、三合ならば三合ずつをビニール袋に小分けして渡している。夫婦二人だと「二合」、あるいは「一合半」の家庭が多いようだ。

「うちは五合です」

そう答えた里香さんという四九歳の女性は、夫と二人暮らし。Lサイズらしいパンツスーツがきつそうな彼女は、食事量も多いのかもしれないが、それにしても、たっぷりだ。

「うちの夫は、とりあえずご飯か麵類があれば満足する人。一合も、五合も、炊く手間は同じでしょ。ドカッと炊いておくの。三日もたつと黄色くなっちゃうから、その前に炊飯ジャーから取り出して、ラップにくるんで冷凍しておくのがコツ。チンすれば、すぐに食べられて便利ですよ」

冷凍うどんやカップ麵もよく食べるため、お米を炊くのは週に一度だけだという。

「二人きりだもの、手間をかけても意味がない。夫は料理をほめたりしない人だし。コンビニで売っているレトルトのお惣菜をよく出します。おからやヒジキの煮たのとか、蓮根のきんぴら、ごぼうサラダなど、一〇〇円か二〇〇円で買えるのを並べて、味噌汁はインスタントだと高くつくから自分で作って、ご飯をチンして、食事の支度はハイおしまいです」

里香さんと最初に会ったのは、別のテーマの取材が目的だった。職場でトラブルを起こしたことのある人たちに話を聞いてまわるうちに、三五歳の女性から「職場の先輩である、里香さんという人に悩まされている」と聞いたのだ。

里香さんも、彼女も、従業員が八〇〇人ほどのメーカーの正社員である。その会社で、里香さんは陰で「欲求不満のパワハラおばさん」と呼ばれているそうだ。

「派遣社員や出入りの業者さんなど、自分に歯向かえない相手に対して、ネチネチと意地悪をするからです。根拠もないのに『あの二人はデキている』などと、噂をまきちらすことでも有名です。それとたぶん、里香さんは買い物依存症です」

仕事中に私用でネットに接続するのは許されないが、昼休みと、午後三時のお茶の時間には、暗黙の了解で認められている。

「その間じゅう、里香さんはずっとパソコンにしがみついています。ネットショップやオークションにはまっているようです。コンビニのおむすびをかじりながら、目は画面に釘付《くぎづ》け。猫の写真が好きで、ポストカードや写真集、あとスイーツを買い漁《あさ》っています」

彼女が語ったことを、本人に知らせないと確約するのなら、里香さんを紹介してくれるという。

約束した日時に、ケーキショップに併設されたカフェに現れた里香さんは、メニューを広げると、「これを頼んでいいですか?」と、八五〇円のイチゴパフェを指差した。

彼女の会社の派遣社員が「使えない」という話をしながらパフェを食べ終えると、マロンパイとコーヒーのセットを注文した。コーヒーに砂糖を二袋入れ、マロンパイを運んできた店員を「遅いじゃないのっ!」とにらみつけた。

私がスイーツは苦手だと言うと、里香さんは私のお腹に目をやった。

「べつにダイエットしなくてもいいのに。無理に我慢すると、ストレスがたまりませんか。私は食べたいときは食べて、ストレスをためないようにしています。誰かに裸を見られるわけじゃないし。欲求不満の解消には、食べるのがいちばんですよ」

里香さんの口から気になっていたキーワードが飛び出したので、しっかりと聞き耳を立てながら、何気ないふりを装ってたずねてみた。

「欲求不満になる原因があるのですか？」

「え、ああ、それはもちろん、いろいろありますよ」

「夫婦間のこととか？」

「それもあるけど」

私は結婚の予定があることを伝えた。

「失敗しないために、夫婦生活についてアドバイスが欲しいのですが」

「アドバイスなんて大それたことはできないけれど、おしゃべりぐらいなら」

そこで里香さんをまじえ、三人で私の自宅に集まることになったのだ。あと一人の参加者は「私については、何も書かないで」とのことなので、そのとおりにしよう。

浮気の防止策

コシヒカリのおかげで知名度は高いものの、魚沼がどこにあるのかを知っている人は意外に少ないようだ。ローカル線に「魚沼田中」や「魚沼丘陵」などの駅はあるが、新幹線の駅名になっていないのも、その一因であろう。里香さんもそうだった。

「へえ、魚沼って、東京から新幹線で一時間半ちょっとなんですか。五時間ぐらいかかるのかと思っていました」

かく言う私も、「魚沼市」と「南魚沼市」と「中魚沼郡」が別物であると知ったのは、魚沼と縁ができてから四年も過ぎてからだった。

「東京と魚沼の二重生活ですか。心配ですね。浮気されないように気をつけてくださいよ。男は浮気をする動物ですからね。兵糧攻めが有効ですよ。小遣いは最低限にしたほうがいいです」

里香さんの夫は、浮気をしたことがあるのだろうか。

「あるんですよ、それが」

高校の同級生たち男女一〇人ほどで出かけた温泉旅行で、里香さんの夫は、参加者の一人だった女性と関係をした。他の参加者が、温泉旅館内にあるバーで、二次会から三次会と盛り上がっている間に、こっそり部屋へと戻り、秘密の時間を持ったのだ。

相手となった女性の友人が気配を察し、以前から面識のあった里香さんに「もしかしたら、怪しい関係になったかも」と電話をかけたことで、事態は明るみに出た。

里香さんに問い詰められた夫は「出来心だった」と言い訳とともにすぐ認め、「もう二度と会わない」と誓った。怒りと衝撃のあまり、里香さんは、こう口走ったそうだ。

「あまりにも下手くそすぎて、相手に驚かれたんじゃないの？　また会いたいと言っても、向こうからお断りされるでしょ」

それから三カ月ほどたって、夫が求めてきたとき、里香さんは「不潔な手で触らないで！」と、夫の手を振り払った。その後、さらに三回にわたって手厳しく拒絶して以来、もう一〇年ほどがたつ今も、セックスレス状態である。

「本当は、もう許していました。夫はもともと淡白。浮気は本人の言うとおり出来心で、オンナに誘われてホイホイ乗っただけなのでしょう。でも私が誘いに応じたら、夫は『もう謝らなくてもいいんだな』と増長するでしょう。だから拒否し続けたのです」

夫の趣味は歴史探訪と読書で、社会人サークルの仲間と旅に出ることもある。

「結婚して三年たっても妊娠しなくて、周囲も私もやきもきしたけれど、夫は『自然に任せよう』と動じなくて、不妊治療は受けませんでした。今はともかく、そのころは優しい夫で、姑とかにも文句を言わせなかった。そのことには感謝しています」

歴史探訪の旅に、心配はないのだろうか。

「だって旅行メンバーに女性が一人でもいたら、たとえ七〇歳のバアサンでも、参加するのを許しませんからね。浮気をきっかけに小遣いを減らしたので、旅行したいときは、私の許可を得ないとお金がないんです」

今日も用意しておいた「しんこ餅」を、里香さんは続けて四つ食べた。コシヒカリを原料にした上新粉の餅で、うっすらと塩味のきいた、なめらかなこしあんを包んだ「しんこ餅」は、もちもちっとした食感と、さっくり嚙《か》み切れる歯ごたえのバランスが絶妙である。

「セックスレスになってから、一〇キロぐらい増えたかな。四〇代前半には『オンナとして寂しい』と思ったこともありますが、もうこのトシですからねえ。どこの家庭も、こんなものじゃないでしょうか。夫への関心もなくなりました。このまま一生セックスレスでかまいません」

和室に二組の布団を並べて敷いているが、五〇センチほどの間があるそうだ。

夫に勝ったと思うけれど

里香さんは、不意に話題を変えた。

「魚沼は長岡《ながおか》藩、それとも新発田《しばた》藩？」

江戸時代の魚沼は、大部分が会津《あいづ》藩に属していた。魚沼市は会津藩のあった福島県の県境に接しており、冬季は積雪のため通行止めになる道路によって結ばれている。

「あらま会津ですか。意外ですねえ。会津は、維新のあと、東北の、ずっと奥のほうに移動させられたんですよね。名前も変わって。ええっと、何でしたっけ」

「斗南藩《となみ》」

「ああそうだ斗南藩。去年、うちの夫は歴史サークルの仲間と会津に行ったんです。次は斗南藩だったところを訪ねるらしいです」

なぜ「らしい」がつくのか。夫の口から聞いたのではないのだろうか。

「だって夫に聞いても、生返事をするだけですから。夫が入っている歴史サークルの、ホームページの書き込みで知ったんです」

夫に関心がないどころか、まるで片思いをしている高校生のようだ。夫と歴史について語り合えば、会話がはずむのではないか。

「無理無理。夫は歴史オタクだもの、私の知識じゃ追いつかない」

私が「欲求不満があるとおっしゃってましたよね」と水を向けると、彼女は「そりゃ人間、誰だって不満はありますよ」と受け流した。

「私は夫に勝ったと思っています。浮気をして以来、小遣いを減らしても、ひどいことを言っても、私が買い物しすぎても、夫は私に逆らわなくなりましたから」

強い口調で言ってから、里香さんは、ふと視線をさまよわせた。

「でも本当に勝ったのかなあと思うこともあります。会話がなく、話しかけてもスルーされるのが悔しい。来年は五〇歳になるし、もう一回ぐらいしてみたいから、私なりに努力しているんですよ」

たとえば「また浮気したの？」とイヤミを言うのをセーブする。夫の好きな白菜のおしんこは、コンビニではなくスーパー、時にはデパートで買う。

「でももし復活したとして、夫に太った身体を見られたら、バカにされて、私が逆転負けするような気がします。夫を誘うとしたら、せめて三キロ落としてからかな」

二カ月ほどたってから、里香さんに「その後」を電話で聞いてみた。

「冗談めかしてまた誘ったけれど、あっさりスルーされました。でもいいの。三キロ瘦《や》せてからが本番だから。でもまた、スイーツをどっさりネットで買っちゃった。ワケありで、すっごく安かったから。これを食べ終えたらダイエットします」

なぜ努力が実を結ばないのか

夫がＥＤではないかと悩んでいる明美さん、夫が痴漢をして逮捕されやしないかと気をもんでいる優香理さん、「三キロ痩せたら」に夢を託す里香さん。

この三人の話を聞きながら、まず生まれたのは「もどかしい」という感情だった。私を相手にしゃべっていないで、夫と向き合い、そのホンネをぶつけてみてはと言いたくなる。

しかし彼女たちが、夫に片思いをしているのだと考えたらどうだろう。中学生に戻り、少女漫画の主人公になったつもりで、「あこがれの先輩と、部室で二人きりになった場面」を思い描いていただきたい。

まず気になるのは「先輩は、私のことをどう思っているの？」であろう。同時に「嫌われたくない」という気持ちもある。だから「次の試合、頑張ってくださいね」と、おそるおそる口にしてみる。すると先輩は、「は？　何か言った？」と聞き返してきた。

(クスン、涙。先輩は私に関心がないのね)

哀しい気持ちで我が身を振り返ると、顔にはニキビは出ているし、成績にも自信がない。

(そうだよね。どうせ私なんか、先輩から相手にしてもらえるはずがない)

自己評価はさらに下がる。主人公は「愛を乞《こ》う人」であり、あこがれの先輩は「乞われる人」という、上下関係も生まれる。

少女漫画では、あこがれの先輩が選んだのは、成績優秀な美少女ではなく主人公だったという結末が待っている。主人公の自己評価はぐっと上昇し、上下関係も解消されてハッピー・エンドとなるのだが、現実の夫婦関係は違う。乞う人と乞われる人との上下関係は、主導権を握るのはどちらで、より相手への気遣いをするのはどちらかという、バランス・ゲームに発展するのだ。

しかも「セックスレスでかまわない」と思っている夫のほうは、バランス・ゲームに参加してくれない。

誘いを断られた妻のほうは「私という人格そのものが拒絶された」と感じるが、夫の側は、そこまで深く受け止めはしない。深く傷ついた妻だけが葛藤し、それを埋めるために過食をして体重を増やし、さらにまた自己評価を下げるのだ。

セックスを取り戻したくてあがいている明美さん、優香理さん、里香さんの行く手には、二つの道がある。「それでも求め続ける」か、「他に楽しいことを見つけるなどして、あきらめる方向へと自分をもっていく」かである。

もし求め続けるとしたら、今までと同じやり方では失敗するであろう。

どんなステップを踏めばレスを解消できるのか。そしてまた、「あきらめる方向」へともっていった場合、どんな結末が待っているのか。

五章

男がセックスを避ける理由

うまくいってもグレープフルーツ

りんご、グレープフルーツ、みかん、こんにゃく。

これはファイザー製薬が、あるものの硬度を測る指標に使っているものだ。同社がEDの治療薬を製造・販売していると言えば、ヒントになるだろうか。

前章で、夫がEDを気にしてセックスを避けているのではないかと推測していた明美さんに聞いてみたら、「うまくいったときでもグレープフルーツ」とのことだった。

歯が痛くなったら歯科医に行く。枝毛が気になればヘアトリートメント剤を買うか、行きつけの美容室で相談する。マラソン大会のあとにはコーチにマッサージをしてもらう。

こんにゃくをりんごに育てたいのなら、それらと同じ感覚で、専門家に相談すればよいのではないかと私は思う。しかし、そう単純なものではないらしい。

「男性にはプライドがあるみたいで、うまくいきませんでした」

そう語るのは、『からだにいいこと』誌の読者である五三歳の女性だ。同誌のアンケート調査に、「五五歳の夫とはセックスレスで、それが不満」だと記してあった彼女の回答用紙には、「(私は) 失敗例なので、このようなことはしないでほしいと (他の女性に) 伝えたい」と書き添えてあった。ならばと電話で取材をさせていただいた。

夫が「こんにゃく」であるらしい彼女が、セックスを取り戻したい理由は、「もっともっと、夫の肌を感じていたいし、触れ合いたいから」。まずは精力のつきそうな食材を、食卓に載せることから始めた。

「トロロ、牡蠣など、『よい』と言われているものや、鉄分のあるもの、黒ニンニク、サプリメントなどを取り入れてみましたが、『飽きた』と言われ、食べてもらえなくなりました」

次に「マカ」という成分の含まれたサプリメントを通信販売で購入した。

「精力剤の新聞広告に、マカが大きく紹介されていたのを見て、精力剤だと気付かれ、『飲まない』と拒否されました」

さらに彼女は、夫を説得して病院に伴う。

「処方された薬はバイアグラでした。その処方箋を見た夫は『そんなのはいりません』と言って、診察室を出てしまいました」

男の勲章

彼女が「失敗だった」と振り返る工夫の数々を、夫と同い年である五五歳の既婚男性に話してみた。

「妻にそういうことをされたら、男として、かなり痛いですね。満足させていないのだと責められているのが、まずつらい。それから年齢的な衰えに対して、自分自身も寂しさや欠落感をおぼえています。妻に正面きって指摘されたら、その傷口に、さらに塩を塗られるようなものです」

ファイザー製薬による指標を説明すると、彼はしばらく絶句した。

「上の三つはフルーツなのに、最後はいきなり、こんにゃくですか。相手の女性に

『あなたはこんにゃくね。せめてグレープフルーツだったらいいのに』なんて言われたら、もう立ち直れません。これから先、りんごやこんにゃくを食べるたびに思い出しそうです。いやなことを聞いちゃったなあ」

三年前に、妻以外の女性と二回の性関係を持ったことがあり、現在は妻のみと週に一回ペースを維持しているという彼は、おそるおそるといった様子で私にたずねた。

「まさか……大きさの指標はないですよね。あっても、どんな食べ物なのか、教えないでくださいよ」

滋賀県・近江地方の「赤こんにゃく」は、冠婚葬祭に欠かせない食材である。こんにゃくの名産地である群馬県には、「下仁田《しもにた》こんにゃく観光センター」がある。こんにゃくだって、堂々の主役を張れるのだ。なぜ男性は、そんなに気にするのだろうか。

「女性にはわからないでしょうが、男は、そういうことにこだわるのです。私と同期入社した男で、仲はよいのだけれど、ライバル的な存在の同僚がいます。社内旅行で温泉に行ったとき、『もし仕事で勝っても、最終的には、こいつには絶対にかなわない』と思いました。なぜならば……彼のりんごが巨大だったからです。今もって、彼ほどのを見たことはありません」

ファイザー製薬は、さまざまな世代の男性たちに、「あなたはりんごか、こんにゃくか」と問いかけるアンケート調査を行なっている。その結果リポートのタイトルは［硬さは男の勲章］だ。

なるほど勲章とは、言いえて妙である。それをありがたがり、欲しがるのは、おもに男性であろう。

勲章をいただいた人の「叙勲を祝う会」に何度か出席したことがある。主役が手放しで喜んでいる様子を微笑ましく眺めはしたが、うらやましいとか、いつかは私も欲しいといった気持ちは、まったく起きなかった。

そして会場のすみや二次会で、「なぜ、あいつなんかが」と、ねたましさ丸出しにして語っていたのは、例外なく男性であった。

しかしマカや黒ニンニクを食卓に載せて失敗した五三歳の女性が求めているのは、りんごではなく、「夫との触れ合い」である。セクシュアル・コンタクトもないのかと私が問いかけると、彼女は「ないですぅ〜」と、切ない声で答えた。

現在は「夫に振り向いてもらえるよう、自分を磨くことから始めたい」と考えているそうだ。

妻が「こわい」

マラソン大会の帰り道。同じランニング・クラブのメンバーとして知り合い、五年ほどのつきあいがある重利さんと、一緒に電車に乗った。

四五歳の彼が、四三歳の妻とセックスレスであり、家庭外でも性関係を持っていないということを、以前、聞いたことがあった。皇居ランニングのあと、打ち上げのビールを飲みながら、「もう二年ぐらい、ご無沙汰です。理由は妻がこわいからです」と語ったのだった。

今日のレースはハーフマラソンだったから、話を聞く余力がある。二人きりになったのを幸いに、インタビューさせてほしいと頼んでみようか。そう考えていたら、重利さんが、いきなり「アッ」と声をあげた。

「しまった。お札を捨てちゃった」

マラソン大会では、貴重品は自己管理が原則である。銀行カードなども家に置いてゆく。だから財布を持たずに来た重利さんは、念のためにと一万円を二枚、ウェストポーチに入れてあった。ゴールした後、走りながら食べたチョコレートの袋を捨てたとき、お札をティッシュでくるんでおいたのを忘れ、一緒にゴミ箱に投げ込んだのだという。

「どうしよう。ああ困った。なんてバカなことをしたんだ。本当に、どうしよう」

頭を抱える重利さんは、コンサルティング会社を経営する公認会計士だ。二万円を失ったからといって、生活に困るほどの打撃ではないだろう。

「二万円は別にいい。今日、二万円を持って帰れないということを、妻に隠せないことが問題なのですよ。お札を捨てちゃったなどと、とても妻には言えません」

成績の悪かったテスト用紙を、母親の目から隠そうとする小学生のようだった彼の表情が、急に明るくなった。

「ああそうだ、クレジットカードを持ってきたんだ。二万円キャッシングすればいいんだ。ああ、よかった」

キャッシングには利息がかかる。二万円を失った上に、意味のない出費を重ねなくてはならないほど、妻とは、「こわい」ものなのだろうか。

「もちろん、こわいですよ。衿野さんの夫となる男性も、いずれは『こわい』と実感するはずです」

交際中だった彼と、結婚しようという合意が成立したとき、「披露宴に備えて、ビデオカメラがあるといいね」と、私は何気なくつぶやいた。

その一〇日後、私の実家に現れた彼は、ビデオカメラを取り出しながら、「買うようにと言われたから、買いました」と両親に告げた。その表情は楽しげで、私の両親は「のろけの一種だな」と思ったそうだが、彼が私の何気ない一言に、強制力を感じたのは確かである。その延長上に「妻がこわい」という感情があるのだろうか。

失った二万円を補塡《ほてん》する方策を思いついてホッとしたのか、ゆったりと座り直した重利さんは言葉を続けた。

「妻は『正義』なんですよ。妻は、つねに正しい。正しいものにそむけば、当然、責められます。それがこわいのです」

相手は母親ではなく、妻なのに。

「妻を母親に重ね合わせているところは、確かにあります。思春期になると、心の中に、母親には見せられない世界ができてくるでしょう。何も悪いことをしているわけではないけれど、秘密を知られやしないかと、いつもビクビクしている。いきなり『ねえ、ちょっと』と言われると、ドキッとする。あれと同じ感情です」

自分だって、娘が二人いる父親なのに。

「今も、浮気をしているわけではないが、やはり妻には知られたくない心の動きというものがある。それを見透かされているのではないか……と思うと、やっぱりこわいですね」

確かに、人の心を「見透かす」能力は、女性のほうがたけているかもしれない。

黒ニンニクとマカを夫に拒否された五三歳の女性は、「男性のプライド」のあり方を見透かしていた。三章で紹介した、夫のために「征服された」という演技を続けている早苗さんも、夫のコンプレックスを正確に把握していた。

「夫婦の夜のことも、こわいからレスなのですか？」

「してみようかと思うこともありますし、迫られることもありますが、叱られるのがこわくて……」

何を叱られるのだろう。

「シーツを汚すとか、身体のどこかが押されて痛いとか、叱られます。そう、『叱られる』なのです。泥んこ遊びで服を汚してきた子供のように、叱られるのです。でも夫婦の間に、特に問題はありませんから。妻に従っていれば安泰なのですよ」

あの一言が……

八年前からセックスレスだという五三歳の義明さんは、淡々と語った。

「あのとき、自分の口にした言葉が、私にどれほどの衝撃を与えたか。妻はまったく理解していないでしょう」

彼もまた、重利さんに似て、同い年の妻に「正義」があると感じている。食品関係の会社に勤務しており、取引先に飲食店も多いため、夜間や休日に仕事で外出することがたびたびある。二人の息子の教育が、つい妻任せになっているという引け目も感じていた。

とはいえ二四歳で現在の妻と交際を始めて以来、他の女性との性交渉はまったく持っていない。事あるごとに、感謝とねぎらいの言葉もかけてきた。誕生日や結婚記念日には、夫婦だけで食事に出かけ、花やプレゼントを贈っている。

小柄ながら引き締まった身体にラベンダー色のシャツをまとい、しゃれた眼鏡をかけている義明さんならば、妙に照れたりせず、サラリと妻をエスコートすることだろう。

「ただ正直なところ、それが純粋な愛情から出ているのか……と問い詰められたら、答えられません。罪滅ぼし。家族サービス。それに『これだけやっておけば、文句はないだろう』といった義務感が確かにあります。かといって、義務感だけでは続きません。ねぎらいたい、感謝したいという気持ちも嘘ではありません」

彼が「あのとき」と呼ぶ、セックスレス状態が始まった日までは、義明さんから週に二度ほどは求めていたという性交渉にも、同じような二面性があったのだろうか。

義明さんは、フッと苦い笑いをもらしてからうなずいた。

「ええ」

上り電車に乗ると、二駅先は東京都になる千葉県内のマンションで、夫婦の寝室にはダブルベッドがある。愛情と義務感を胸に、その日も、義明さんは妻に身体を寄せていった。

「途中まではいつもどおりだったのですが。私がね、膝《ひざ》が痛くなりましてね、姿勢を入れ替えたのですよ。そのとき妻のわき腹に足がぶつかってしまい、妻は『痛っ！』と声をあげました。声の響きが、とても不機嫌そうで、拒絶的で。ウッ……と思いました。それが予震。本震は次でした。姿勢を入れ替えて、その、行為を続けているときに、妻が私の顔を正面から見て、『そろそろ終わってほしいんだけど』と言ったのです」

その言葉だけを取り出してみると、私には、なぜ義明さんが、そこまで衝撃を受けたのか理解できない。

「言葉だけじゃない。声のトーン、表情、目つき、すべてが私を拒絶していました。結婚以来、何年も続けてきたこと、すべてが的外れだったと宣言されたようなものでした。すべてがガラガラと崩れ落ちました」

妻は本当に痛かったから、思わず声をあげたのだろう。まだ痛みが引かないうちに、次の行為が始まり、ありのままを口にしたのではないか。三回も「すべて」と繰り返すほど、拡大解釈する必要があるのだろうか。

「拡大コピーじゃありません。そのときの私の気持ちを、等倍コピーしてお見せしているのです。男とは、そういうものです。デリケートと言えば聞こえがいいけれど、弱い生き物なのです。女性は言葉だけで、男を打ちのめすことができるのです」

男は弱い生き物？

なぜ夫たちは、妻を「正義」だと感じ、自分たちが「弱い」と主張したがるのか。

義明さんも言うとおり、理解するのは難しいが、結婚に向かうときの心構えに、大きな差があるのは私も実感している。

これまで「あるカップルが、結婚を決意するまで」のプロセスを、何度となく身近で見てきた。結婚が決まると、多くの男性は浮かれ出す。一方、女性は、自らが望んで結婚にこぎつけた場合でも、ふと憂い顔を浮かべるようになる。

女性がマリッジ・ブルーにおちいるのは当然だ。私自身も結婚によって姓が変わることになる。それまでの住まいを仕事場として維持するとはいえ、生活リズムは改めなくてはならない。婚姻届を提出するために、戸籍謄本を準備した。パスポートや銀行口座の名義変更も必要だ。

準備を進める合間に、「銀行口座名が変わったら、取引のある出版社の経理部に連絡をしなくちゃ」とか、「印鑑登録も無効になるのね」などと、さまざまな思いが駆け巡る。

披露宴にどなたをお招きするか、衣装はどうしようかなど、イベントに向かってハイテンションを維持していたからいいようなものの、「その先」を考えると、浮かれてなどいられない。

私は年齢的に可能性は低いものの、妊娠や出産をすれば、さらに激震が走る。新たな生活の第一歩は、葛藤のあげくの諦念《ていねん》とともに踏み出すしかない。

女性の側は、それだけの覚悟を持って結婚するのだ。男とは、腹の据わり具合がちがうのである。浮かれている新郎は、新婦の落ち着きぶりに圧倒され、「正義」を感じ、おそれを抱くのかもしれない。

妻がこわいと繰り返す義明さんに、「実は結婚する予定である」と告げると、彼は私の目をのぞきこんだ。

「女性には、男の弱さが理解できないと思います。衿野さんも、理解しなくていいです。というか、理解できたと思ったら、それは勘違いです。男と女は違います。だから理解しようなどと思わなくていい。ただ男は弱い生き物だということだけ、肝に銘《めい》じてください。お願いします」

なるほど「理解しなくてもいい、ただし肝に銘じてほしい」とは名言である。連想するのはＰＭＳ（月経前緊張症）だ。

生理前に、身体のむくみ、のぼせ、頭痛、腹痛、イライラした精神状態などが起きるということは、多くの人が知っているだろう。しかし個人差が大きく、状況や体調による変動も激しいため、女性同士でも理解されないこともある。

私の場合は、精神状態の変化に加え、「全身がむくみ、顔もはれぼったくなる」の と、「電解質のバランスが崩れるために、足が痙攣《けいれん》しやすくなる」という症状が表れる。そのため生理前、人に会うと「太った？」と聞かれるし、マラソン大会と重なれば悲惨である。

話し合いは本当に有効か

かつて「自己ベスト更新」を目指してトレーニングを重ねたことがあった。一週間の禁酒をして迎えた当日とPMSが重なり、それでも目標を達成した自分をほめたたえたのだが、会場でバッタリ顔を合わせた五〇代の男性は、後日、自分のブログにこうした意味の日記を書いていた。

「シリアスなトレーニングを積んでいると聞いていた衿野未矢さんだが、体重の管理には失敗されたようだ。太って顔が一回り大きくなっているし、ストレッチする様子を見ていると、動きにもシャープさがない。まさか二日酔いではないと信じたいが、さぞ精進しているのであろうと、期待していただけに残念である。自己ベスト挑戦記を雑誌に書かれるとのこと。多少の美化は許されるにしても、真実を知る者がいることを、ここにハッキリ記しておきたい」

なぜPMSが起きるのか、私にもわからないから、「理解」はしなくてもよい。ただ、身体が自分の思いどおりにならない時期があるということだけは、肝に銘じていただけないものか。

さて義明さんは、妻への恐怖心というストレスを、いかに解消しているのだろう。

「擬似恋愛ですね。あくまでも擬似ですから、不倫ではないですから、ご安心くださいよ。主に仕事関係ですが、そのときどきで、『この女性はステキだなあ』という、言わばあこがれの君を見つけます。彼女と一緒に仕事をするだけで満足だ、そういう気持ちに自分を持っていくことができるようになりました」

妻から離婚を求められるという心配はないのか？

「子供もいるし、今さら……と思いますが、熟年離婚を言い出される夫は、みんなそう考えているようですね。もし切り出されるとしたら、妻のほうで、すべて段取りを整えているでしょう。黙って従うのみですよ。身体ひとつで追い出されることになるのでしょうが、まあ、仕方がないですね」

予震や本震、拡大コピーといった表現からも推測できるように、義明さんはユーモアを忘れない、社交的な話し上手である。コミュニケーション能力は高いはずなのに、妻との「話し合い」はしていない。それも当然で、彼と妻とは「当事者」同士である。一緒にステージに立っている俳優たちに向かって、「お互いの演技を批評しろ」と言うようなものである。

セックスレス解消への処方箋として、まず挙げられる「夫婦の話し合い」への疑問が、改めてわいてくる。何のために話し合うのか。相手に理解を求めるためか。話せば理解し合えるのだろうか。真に必要なのは、「肝に銘じ合う」ことではないか。

私も肝に銘じておこう。夫たちの多くは、自分を「弱い」と思っており、妻をこわがっているということを。

決定的な一言

「そろそろ終わってほしいんだけど……ですか。表現は違いますが、うちも同じニュアンスでしたから、よくわかります。さぞ、心をえぐられたことでしょう」

義明さんに共感を示すのは、啓太さんという五八歳の男性だ。セックスレス歴は一三年目に突入している。

「あれは妻が四一歳、私が四五歳のときでした。同居している娘たちの耳をはばかり、週に一度ぐらい、ひっそりと……という状態ではありましたが、それまではセックスがありました。娘たちが部活の合宿で留守をしたため、久しぶりにゆっくり過ごそうと、風呂にも一緒に入ったのですが……」

お風呂で高まり、リビングでワインを飲みながらソファでまた高まり、いよいよベッドに向かった。

「何度も高まったせいか、いざ本番のとき、力不足の状態になってしまったのです。どうにか形を整えようと苦戦しているところに、妻から、キツイ一言を投げかけられたのです」

妻の口から飛び出したのは「今夜はこれでオシマイ。お相手するのに疲れちゃった」という言葉だった。

「つまり妻は、本当はイヤなのに、我慢して、私の『お相手』をしていたということでしょう。私としてはセックスは重要なことだからと、疲れていても頑張って、週に一度ほどは維持してきました。それは無意味どころか、妻にとっては迷惑だったのか、と。イイとかイクとか言っていたのは、すべて演技だったのか、と。ものすごい衝撃でした」

呆然としている啓太さんのそばで、妻はすやすやと寝息を立て始めた。

「たぶん妻に悪気はなかった。もともと思ったことはポンポン口に出して、根にもたないタイプです。そう言ったことすら、覚えていないでしょう。しかしオトコにとっては、決定的な一言です」

それ以来、啓太さんからセックスを求めることはなくなった。妻が「ねえ、今夜は……」と甘えてきても、「疲れているから」と断った。

「家庭外でもセックスレスかって？　愛人なんかいませんよ。私はセックス恐怖症になってしまったのだから。義明さんという方と同じで、擬似恋愛というか、食事だけのお付き合いをする、ガールフレンド的な女性はいますが」

専業主婦である妻は、趣味の俳句とテニスにのめりこみ、啓太さんからは「イキイキと、楽しそうに人生を謳歌《おうか》している」ように見えるそうだ。

「妻に愛人がいる可能性ですか？　いないと思いますが、いても仕方がないですね。ただ私も五〇代後半と、老後を意識する年齢になりました。今は仕事を理由に家を空けていますが、老後は妻と過ごすことになります。どんな老後になるのか不安です」

妻とは、できない

同居していた恋人から婚約を破棄されたショックから、多くの男性との性関係を重ねている、緑さんという女性を三章で紹介した。彼女が交際している男性の一人が、建設関係の会社に勤める五〇歳の達夫さんである。

「娘が小学校高学年ぐらいになって、子供のできる仕組みを理解するようになったころから、自然に遠のきました。夫婦というより、父親と母親になっていくというのは、ごく普通じゃないでしょうか」

銀色のフレームの眼鏡は、無難なデザインながら、日焼けした男っぽい顔立ちに似合うものを吟味して選んだようだ。真っ白なワイシャツの袖と衿が、退社後の夜八時というのに、ピシッとしている。

「夜のことに関しては、私からは求めませんよ。妻は、だらしないところがあり、いつも部屋が片付いていません。料理上手だと本人は思っているようですが、ムラがあり、ひどくまずいシチューを、二日続けて食べさせられることもある。出来合いの惣菜も多い。我慢しているとまでは言わないが、妥協しているのはこっちだと思っています」

取引先の社員だったという四九歳の妻は、今も正社員を続けており、子供が二人いる。仕事が忙しく、家事など手伝えないと言いながら、緑さんとホテルで過ごす時間は捻出《ねんしゅつ》している達夫さんが、「我慢」や「妥協」と口にするのを聞いていると、落ち着かない気持ちになる。緑さんとの交際を、妻は気付いていないのか。

「もし気付いていたら、とっくに大騒ぎになっていますよ。妻は、黙って耐えるタイプじゃありません」

ここは渋谷《しぶや》、個室風に仕切られた和食店の一角である。料理の選定は達夫さんがリーダーシップを取り、刺身盛り合わせとふぐの唐揚げ、牛ほほ肉の和風煮込みを頼んでから、緑さんと私に顔を向けて「何か食べたいものがあれば、どうぞ」とうながした。

セックスレス歴は、本人によると「たぶん一〇年、もしかしたら一二年ぐらい」だという。

「妻は、とっくにオンナを捨てています。服とかバッグにはこだわりますが、それは女友だちへの見栄です。もしオンナとしての自分に磨きをかけたいのなら、まず五キロ痩せろと言いたいですね」

身を置いている業界を、「男くさい体育会系です」と紹介し、それが肌に合っているらしい達夫さんは、緑さんと私、二人の女性をリードして場を仕切るのは、自分の役目だと思っているようだ。

相手の男性に合わせて、行動パターンを自在に変えるのを、コスプレ感覚で楽しむ緑さんは、達夫さんの生ビールジョッキについた水滴をおしぼりで拭うなど、いつになくかいがいしい態度を見せている。

「妻の身長ですか？　緑ちゃんや衿野さんと同じぐらいですよ。体重は一・五倍あるだろうけれど」

緑さんの身長は一六三センチ、私は一五五センチなのだが。

ふだんの三倍以上の時間をかけて、生ビールを飲み干した緑さんが、達夫さんの肩から糸くずを取りながらたずねた。

「結婚したころは細かったんでしょ。なんでそんなに太っちゃったの？」

「知らないよ。ふと気がついたら、大きく育っていたんだよ。寝転んでテレビを見ながら、せんべいとか、バリバリ食っているんじゃないかな」

二人の子供と正社員の仕事を抱えていたら、「寝転んでテレビ」の余裕はないと思うが、達夫さんの口調に思いやりは感じられなかった。

「妻を女性と思うことはできません。妻のほうは、まだ無駄な抵抗をしていて、ちょっかいを出してくることもありますがね。勘弁してもらいたいと思っています」

見透かされている

かつて緑さんも言っていたが、「妻とは不仲だとアピールすれば、他の女性の気を引くことができる」と考えている男性たちがいる。

その考え方は、半分だけ当たっている。既婚男性と交際中のシングル女性から、「彼と奥さんの仲は冷え切っていて、子供がいるから別れられないだけなんです」という言葉を何度も聞いたことがある。しかし、「妻の悪口を言う男はかっこ悪い」と感じる女性もいる。

「緑ちゃんみたいに、きれいに生まれついて、しかも努力もしていて、頭もいい女性ばかりとは限らないんだからね。一緒くたにはできないよ」

達夫さんは、チラリと緑さんを見た。うっすらと笑みを浮かべた彼女は、何も答えない。達夫さんの心を、緑さんは見透かしている。自分を裏切った恋人へ復讐する代償として、さまざまな男性と交際しているふしもある彼女にとって、達夫さんの心の動きを観察するのは、楽しい遊びなのかもしれない。

妻に離婚を言い出されるという心配はないのか。

「万が一、申し渡されたら、そのとき考えますよ」

夫の不貞行為を疑い、探偵会社に現れる妻たちの中には、数カ月、あるいは数年にわたって迷ったあげく、行動を起こしたという人が少なくないそうだ。達夫さんの妻が、離婚への準備を進めていないとも限らない。

「離婚を有利に進めるための第一歩は、『相手に悟られずに行動すること』ですからね。奥様が急に優しい態度に変わったり、不満を口にしなくなったりしたら、要注意ですよ」

冗談めかして言うと、達夫さんの瞳が左右に揺れた。

「いや、えーと、それは」

手にしていたジョッキを置いてから、達夫さんは続けた。

「いや、そういうふうに、ずるがしこく立ち回れるタイプじゃないですから」

「そうですね。きっと大丈夫ですね」

私がうなずいたのは、もしかしたら準備を進めているかもしれない彼の妻への配慮である。緑さん、あなたも慰謝料を請求されるリスクがあることを忘れないでね。

義務か、権利か

緑さんへの配慮なしの、達夫さんのホンネを聞きたい。

私がそう思っていることを察したのか、緑さんは「顔見知りの店員さんとおしゃべりしてくる」と言って立ち上がり、他に一人客もいるカウンターに向かった。

「先ほど『自分からは求めない』とおっしゃっていましたが、奥様からは、いかがですか」

「ないことはないですね」

即答したきり、シングルベッドを二台並べて眠っているという達夫さんは黙っている。

「どんな誘いかけがあるのですか?」

「私のベッドに入ってきて身体をくっつけてきたり、元気の出そうな料理を出したり」

セックスレスを解消したいと願う妻たちの口から、すでに聞いたことのある方法だ。

「このままずっと、奥さんとはセックスレスのつもりですか?」

「しなくちゃいけないとは思いますけどね。ただねえ。ここだけの話、妻は口臭があるんですよ。口に出して『しよう』と言われると、たまには必要かなと思って、抱きしめてはみるんですがね。キスはダメです。結局は『疲れているから』とお断りしますね」

本当に耐えがたいほどの口臭なのか。それとも妻への嫌悪感の象徴なのか。あるいは自分を正当化する口実なのか。

「セックスは、夫としての義務だと思いますか？　そして奥様には、セックスを求める権利がある？」

はぐらかすようにメニューを広げながら、達夫さんは私の目を見ずにつぶやいた。

「結婚する前は、こっちから求めていたけれど。夫婦になると変わるんですよ。義務だか権利だかわからないけれど、正直、家では勘弁してもらいたいですね」

緑さんに対しては、彼の表現を借りれば「こっちから求めている」という状態である。性的魅力の差だけではないだろう。緑さんとの間に駆け引きの楽しさはあっても、義務だ、権利だといった重圧は存在しない。寝室でのパワーゲームの結果が、リビングやキッチン、子供部屋にまで持ち越されることもない。

トイレに立ったついでに、達夫さんは支払いを済ませていた。この一カ月ほどの間に、本物の出張で三泊、残業と称して緑さんとホテルで過ごして深夜に帰宅したのが二回あり、「今日は早く帰らないとまずいので、お先に失礼します」と言う。

カウンター席から戻ってきた緑さんは、焼酎のお湯割を注文した。

「いろいろ言い訳していたでしょう。こういうことをしていると、男のずるさや、小心さを見せつけられることが増える。男って単純でかわいいなあと思うこともあるけれど、疲れることも多い。一人にしぼらないのは、人間不信になりそうだからかも。深入りしないように、『広く、浅く』を実践しているんだろうなあ」

本当に「面倒くさい」のは何か

セックスレス状態から脱したいと願う妻たちの努力は、なぜ実を結ばないのか。ちょっぴり見えてきた。

彼女たちは心のつながりや、いたわりなど、目に見えないものを求めている。夫は、それらに「強制力」や「正義」を感じ、義務を果たせというプレッシャーを味わう。だから逃げ腰になる。そこには夫婦間のバランス・ゲームが生じる。逃げ腰になる一方で、夫たちは「妻に屈したくない」と思っている。

セックスについては、夫婦で話し合うことができる。しかしバランス・ゲームのさなかに、手の内をさらけ出す人はいないだろう。

「眠い、疲れている、面倒くさい」

セックスレスの三大要因に、改めて重みを感じる。達夫さんにとって、妻とのセックスには、さまざまな「面倒」がつきまとうが、緑さんとの間にはない。眠くて疲れていたとしても、緑さんと過ごすのは、睡眠や休養を目的とする場ではない。

「男ってこういうものかと、見切ったような気もするし、そろそろ足を洗ったほうがいいのかも。足を洗って、どうしたいかというと、結婚したいのよね。ただ楽しいだけじゃなくて、何かが積み重なっていくような関係にあこがれる」

寝室にとどまらず、リビングやキッチンへと発展していく関係性を緑さんは求めている。では達夫さんをはじめとする既婚男性の、妻への悪口をどう受け止めているのだろうか。

「私へのサービス精神から、必要以上に悪く言っているのだと思いたい。だって結婚に、まだ幻想があるから」

結婚への期待は「幻想」にすぎないのか。緑さんがつぶやいた。

「せっかく結婚できたのに、なんで浮気なんてするのかと思う。もっと夫婦のつながりを優先すればいいのに」

面倒くさいからと、セックスを避けている夫婦は、会話や思いやり、つながりの確認には勤勉だろうか。離婚するのが面倒だからと、ただ一緒にいるだけという夫婦もいるだろう。セックスレスの行き着く果てを、次の章で見届けてみたい。

六章

あんなに愛し合っていたのになぜ？

今だからわかる「面倒くさい」

夫が生まれ育った街の神社で結婚式を挙げ、東京と新潟県魚沼市の二重生活が始まった。独身時代と比べ、最も大きく変わったのは、「朝、起きて洗顔をしたら、すぐ化粧をするようになったこと」である。

仕事場として使っている、千代田区内のマンションに滞在するときは今でもそうだが、化粧をするのは人に会うときだけである。部屋にこもって原稿を書く日は、まったくノーメークで過ごすばかりか、寝巻がわりの浴衣のままのこともある。スーパーで買い物をする程度の外出なら、帽子を目深にかぶってごまかす。

ところが魚沼では、まず夫がいる。三階の自室からトントンと階段を下りれば、義父と顔を合わせる。しかも突然、親戚や友人が玄関に現れることがある。家のすぐ前の商店街を歩けば、必ず顔見知りに会う。

こうした暮らしに慣れてゆくにしたがって、セックスレスの三大要因のひとつである「面倒くさい」が、実感として理解できるようになった。

いやもちろん、新婚の今は、ちっとも面倒くさくない。

出勤する夫を見送りに、家とは道路を隔てた向こう側にある駐車場まで行くのも、昼食は自宅に戻ってくる夫の帰りに合わせて天ぷらを揚げるタイミングをはかるのも、先に寝ようと化粧を落としたところに「やっと仕事が終わった。行きつけの店で合流しようよ」という電話がかかってきて、ふたたび外出の支度をするのも、すべて楽しい。

義母が亡くなって以来、家事は義父がこなしてきた。朝食のハムエッグを焼くのは私だが、卵とハムを買ってくるのは義父である。私がお皿を洗うのは二日に一回ぐらいだ。台所の床も、いつの間にか掃除が終わっている。

子供を抱えた主婦の友人に、そんな話をすると、「だから『楽しい』とか言っていられるのよ」と呆れられるのだが、魚沼でも原稿を書き、夫の仕事を手伝い、週に一度は千代田区へと出勤するという特殊事情に免じて許していただきたい。

それに地縁や血縁のつながりを重視する地域にあって、人一倍、濃密なネットワークを維持している夫である。行きつけの店『おーく』の経営者はいとこで、相客である商店街の店主たちの何人かは、小中高で同級生だったそうだ。その店で、つい興に乗って、古いレコードに合わせて盛り上がったりすれば、翌朝、ランニングの途中でバッタリ会った美容師にこう言われる。

「ゆうべ『おーく』で、ジュリーを踊ったんだって?」

そんな環境ですら、三〇代後半で離婚に至り、四〇代の大半を独身で過ごした身には、「ああ私には居場所があるのだな」、「家族ができたのだな」と、素直に嬉しい。

披露宴の準備を進めるうちには、「楽しい」が「面倒くさい」に変わりそうな場面が何度もあった。約二〇〇人の招待客のうち、私の側は三〇人に満たないという、完全アウェイであるからなおさらである。とはいえ披露宴には、「当日」という締切があり、準備に追われる日々が永遠に続くわけではない。

どこまで後退するか？

今、原稿を書いているここは、千代田区内の仕事場だ。明日の朝、魚沼に帰る予定である。昼食には間に合うから、鶏の唐揚げを作ることにしよう。

付け合わせは、キャベツの千切りか、それともアスパラガスやオクラを一緒に揚げようか。そんなことを考えるのさえ楽しいのは、今の私が、かけた手間に見合うリターンを得られているからだ。

私は夫に愛されたいと思っている。「してあげたい」や、「喜ばせたい」という欲求もある。自分がそう感じていることを、夫に対して伝えており、言葉や行動で確認し合っている。

つまり今は、夫との間に「愛」がある。だから、朝食をさっさと終えた夫を見送るため、焼きたてのトーストを後にして、駐車場まで見送りに行くのが楽しい。

だからこそ、セックスレスの要因である「面倒くさい」が理解できるようになった。もしも愛されたい、喜ばせたいという欲求が消えたら。欲求があっても、夫が満たしてくれなくなったら。すべてが「面倒」に変わるだろう。

通勤の車や通学する生徒が、家と駐車場を隔てている道路をひっきりなしに通る。ただでさえ目立つ和服姿の私の見送りは、夫の知人たちの間で話題になっているそうだ。

「いつまで続くのかな。やがて玄関まで後退し、次は食堂の椅子に座ったまま。最後は布団の中から手を振るだけになるんじゃないの？」

魚沼の女友だちにからかわれ、私はこう答えた。

「それどころか、ぐっすり眠っていて、出かけたことにさえ気付かなくなるかもね」

そうなるとしたら、私が「夫に気分よく出勤してほしい」という想いよりも、「眠い、疲れている、面倒くさい」を優先するようになったときである。

ネクタイをしめた夫が、大の字になって眠る私を見下ろしているという場面を想像してみる。たぶん私は、魚沼産コシヒカリご飯を食べたいだけ食べるようになってお り、体型維持の努力を放棄しているだろう。機能性や寝心地だけを追求した寝巻と、何枚も重ねた下着を見て、夫はため息をつくかもしれない。本書の中で、何人もの女性が語ってくれた姿と同じである。

鶏の唐揚げとは「買ってくるもの」。夫から誘いの電話がかかってきても、「もう顔を洗っちゃったから」と断る。

もし、私がそうなるとしたら、どこに分かれ道があるのか。すでにそんな生活を実践している女性に、話を聞いてみたくなった。

愛していると言ってくれ

「鶏の唐揚げは自分で作りますよ。安上がりだし、息子も私も好きだし。でも夫のために作るという発想はないですね。私にとって、夫など、どうでもいい存在ですから」

そう語る美智代さんは四三歳。夫は二つ上で、高校生の息子がいる。結婚したのは二六歳のとき、一九九五年の四月だ。その年の一月に、阪神・淡路大震災が起きている。

「大震災の当日、朝は忙しくてよくわからず、会社に着いてから、被害の大きさを知ってビックリ。婚約して二カ月目ぐらいだった彼と、その日は会う約束をしていなかったけれど、どちらからともなく『一緒に過ごそうよ』ということになり、彼が一人暮らしをしていたマンションに行きました」

美智代さんが同居していた両親は、結婚前の娘の外泊をなかなか許さず、婚約後も「とにかく帰って来なさい」と言うほうだったが、大地震の直後とあってか寛大になった。

「ソファに並んで座り、まだ寒い一月でしたから、二人で毛布にくるまって、ずっとテレビを見ていました。関西とは縁がないから、正直、そこまで切実ではなかったけれど、それでも家事や倒壊したビルの映像に衝撃を受けました。私が思わず悲鳴をあげると、毛布の上からギュッと抱きしめてくれました」

都内の結婚式場内の神前で愛を誓い、披露宴ではまず和装、次にウエディングドレス、カラードレスと、二回のお色直しをした。

「結婚当初は、週に二回はありました。木曜か金曜は必ず。あと週のどこかで一回か二回というパターンです」

木曜か金曜のセックスは、夜一一時半ごろからが定番だった。

「お風呂に入ってから、一〇時からのドラマを見る。木曜のが面白ければ木曜のを、そうでなければ金曜のを見てました。その後、寝室に行くという手順でした。両方とも面白いと、続けて二日……ということもありましたよ。ドラマが面白いと、影響されるんですねえ。トヨエツの『愛していると言ってくれ』、結婚直後だったこともあって、二人でよく『愛していると言ってくれ』、『ウン言ってあげる』とか、おバカな会話をしていました」

豊川悦司《とよかわえつし》が演じる聴覚障害者の画家と、女優の卵という設定の常盤貴子《ときわたかこ》のラブストーリー『愛していると言ってくれ』は、高視聴率をたたきだし、主題歌の『LOVE LOVE LOVE』も二五〇万枚のヒットとなった。

翌年には、セックスレス夫婦を描き、問題作と言われたドラマ『義務と演技』が木曜一〇時から放映されたが、美智代さんによれば「重たいのや、難しいのは好きじゃないので」、見なかったそうだ。

「その当時、自分たち夫婦がセックスレスになるとは、思いもしなかったですしね。完全に他人事でした。じゃあ今、『義務と演技』を見てみたいかというと、別に」

本当に関心がないから

平日の午後、子供連れの主婦グループが目立つ郊外のファミリーレストランで、約束どおりの時間に現れた美智代さんはユニクロ製らしいカジュアルな装いで、周囲の風景に溶け込んでいた。

短大を卒業の後、会社に勤めていたが、出産を機に退職し、ずっと専業主婦を続けている。

「子供が生まれるまでは、一緒に出勤していたから、見送りしたことがなかったです。休日に外出するとき？　向こうが勝手に遊びに行くのだから、見送ることもないでしょ。子育て中は、見送りどころじゃないです。出迎えは、ずっと狭い賃貸マンシヨン暮らしだもの、わざわざ玄関まで行かなくても、『お帰り』と叫べば聞こえますよ。別に叫びませんけどね」

現在の夫については「とにかく関心がないの一言です」と切り捨てた。その発言を裏付けるのは、美智代さんの夫と学生時代の同級生である四五歳の男性だ。

二年前に熟年結婚をした彼は、披露宴でのメモリアル・ビデオの上映に、学生時代の写真を使いたいと考えた。しかし実家が火災にあい、アルバムは手元にない。美智代さんの夫にたずねたところ、「たぶん押し入れの奥にある。妻に頼んで探しておいてもらう」という返事だった。

「僕はサービス業なので、休みは平日です。そこで『来週の水曜日に、家まで借りに行く』という約束をしました」

美智代さんたちの住まいまで、車で一時間ほどかかるが、ドライブついでだと考え、もうじき妻になる女性と二人、約束の時間にチャイムを鳴らした。するとドアを開けて顔を出した美智代さんは、こう言ったそうだ。

「探したけれど、見つかりませんでした。うちにはないみたいです」

バタンと閉められたドアの前で、彼は婚約者と顔を見合わせ、しばらく動けなかったそうだ。

「ケータイの番号だって知らせてあったのです。見つからないのなら、そう言ってくれれば、意味のないドライブなどせずにすみました。そもそも、本当に探したのかどうかも怪しいですね。もっと言えば、家に上げてくれて、お茶ぐらいは出してくれるだろうからと、シュークリームの手土産も持参していたのに」

彼と婚約者は、車の中でシュークリームを食べながら、こんな結論に達した。

「あの奥さんは、自分の夫に、まったく関心がないんだね」

披露宴に出席するほど親しい、夫の友人に対して、まったく気遣いを示さない。その態度から、「夫の友人など、どうでもいい」、さらには「その話を友人から聞いた夫が、腹を立てても構わない」、そんな投げやりな感情が読み取れたのだという。

彼の婚約者は、チラリと見えた玄関にも観察の目を向けていた。

「いちおう片付いているのですが、男物のホコリをかぶった靴が、そろえずに置いてありました。面倒だから放ってある、そんな感じでした」

ソファに並んで「愛していると言ってくれ」という会話を交わしていた夫婦が、なぜ、いつから、変わってしまったのだろう。

「分かれ道ですか？　子育てかな。それとやはり、セックスレスになったのも大きいです。考えてみれば、つきあい始める前と後との分かれ道もセックスだったかもしれない」

まだ独身だった二四歳のときの美智代さんは、会社の同僚の友人グループの飲み会にたまたま参加し、そこで知り合った男性と意気投合した。観たいと思っている映画が一緒だったので、二人きりで何度か会った。

「デートなのか、友だちだけどたまたま二人きりなのか。はっきりしないまま映画を観て、食事をして。好きだとか、つきあってくれとか言われることはなしに、会う回数が増えていって、四カ月後ぐらいだったかな、ホテルに行きました。エッチをして初めて、『ああそうか、友だちじゃなくて恋人なんだ』と確認した感じがしました」

セックスレスになったのは、出産後だという。

「出産後、半年ぐらいたって、『そろそろいいだろう』と求められ、いやいやながら応じて、でも私はちっともよくないから、とにかく避けて、避けているうちに、求めて来なくなりました」

他のケースでも聞いた「産後なんとなく」のようだが、美智代さんは否定した。

「なんとなく……ではありません。理由があります」

私を笑いものにして

私鉄の駅前からこのレストランまでの歩道に、車庫が二台分と庭がついた3LDKの一戸建てが、「超お買い得の二二〇〇万円」だという立て看板が並んでいた。

都心の支店と違って、テーブルの配置もゆったりしている。八人は座れそうな広々としたシートで、私と向かい合っている美智代さんは、「これだけは、きちんと言っておきたい」というような表情を浮かべ、座り直した。

「ひとつは子育てに協力してくれなかったこと。もうひとつは、私の苦労を笑いものにしたことです」

帰り支度をした数人の親子連れが、私たちの脇を通っていった。その後ろ姿を目で追いながら、美智代さんは淡々と話し続けた。

「二時間おきの授乳で疲れ切り、息子の泣き声で起こされたものの、気持ちは目覚めても身体が動かず、まぶただけがピクピクして、口もゆがんでいて、でもやっぱり身体が動かない……という状態になることが、よくありました。そのたびに、夫は『すごい顔だなあ』と、ケラケラ笑いました。しかも『人間とは思えない、ものすごい顔になる』と、赤ちゃんを見に来てくれた友だちに、笑いながら話しました」

静かな口調ながら、言葉が途切れることはない。

「私を笑いものにして、笑いを取ろうとする傾向が、夫にはもともとありました。交際中から気付いていて、イラッとすることもあったけれど、なんとか私も一緒に笑えるレベルでした。でも子育ての苦労を、笑いものにされると、それはもうダメ」

抑えていた感情が噴出したのか、いきなり絶句した。ややあって、再び口を開く。

「少しずつ失望していって、『ああ、この人とはダメだ』とさじを投げました。でも離婚するつもりはありませんでした。私とは、たまたま合わないだけで、人間として最低だとか、変な性癖があるとかではないのです。笑いものにするのも、普通におおらかな女性なら、そこまで傷つかず、一緒に笑ってスルーしたと思います。ツボがずれているのです。離婚はしないですけれど、もしするなら、『性格の不一致』ですね」

子供がいなければ、離婚を考えた？

「そうかもしれませんね。夫はどうでもいいけれど、子供の父親という存在は必要だと思います。収入の点でも……息子は小学校から私立ですし……」

他にも「不一致」なところがあった。

「夜の生活のとき、夫は言葉で遊びたがった。いやらしいことを私に言わせようとしたり。あのう、さっき話したドラマの『愛していると言ってくれ』、実はトラウマなんです。夫が、自分の変なところを指差しながら、『ここにも愛していると言ってやってくれ』と……。つまり口でサービスしてほしいということですね。冗談ぽく言われると、かえって生々しくて、私はとてもいやでした」

愛されるのとは別の努力

「空気のような存在とよく言うけれど、今の夫は、私にとって、まさに空気と同じ存在です。いないと困るけれど、あるからと言って、特に何も感じない」

そう言い切ってから、美智代さんは、ふと表情をやわらげた。

「そういう状態にたどり着くまで、私なりの努力をしましたよ。『わだかまりにフタをする努力』や、『関心を向けないように、目をそらす努力』です。衿野さんは、結婚したくて、愛されるための努力をしたでしょう？　私も結婚する前は、やはり同じような努力をしました。結婚して、夫に失望して、分かれ道を過ぎたあとは、別の方向への努力をしたわけです」

どんな方向だったのだろう。重ねて問いかけると、美智代さんはしばらく考えてから答えた。

「愛されなくても平気になる努力です」

その努力に対するリターンはあったのか。

「もちろん。離婚せずに、ひとつ屋根の下で暮らす、父と母の役割は果たす。でも夫として、男としては期待しないようにする。夫に愛されるための努力より、ある意味、複雑でむずかしかったですよ。期待を捨てればいいと気付いたら、少し楽になりましたが」

食卓には、息子が好きなものと、自分が食べたいものを並べる。それでも夫が「うまい」と喜べば、美智代さんも嬉しくなる。

「でも嬉しくなって、『じゃあ明日は、こういう料理を出そう』とか考えてしまうとダメ。夫にほめられたい、喜ぶ顔を見たいといった、期待をかけちゃいけないの。期待をかけると、裏切られたときにつらいから、ほめられても、箸《はし》をつけずに残されても、スルーする。気持ちが波立たないようにする。そういう努力をしてきました」

夫の帰宅は毎晩八時を過ぎる。美智代さんは息子と夕食を済ませておく。テレビに目をやりながら、ダイニングキッチンのテーブルに向かっている夫に背を向けて、片付けや、翌朝の弁当の下ごしらえをする。ニュースについて夫が何か言うと、手を止めて応じることもあるが、立ち入った内容にはならない。

「会話がなくても不自然ではない生活スタイルができているのです。セックスもそう。レスでも不自然ではない。同じ部屋で寝ていますが、夫は布団、私はベッドです。段差があるから、あまり気にならなくていいですよ」

そんなカネがあるなら

美智代さんは満足でも、夫はどうなのだろう。離れていく心配はないのだろうか。彼女自身は楽観しているようだ。

「離れていく理由がないですよ。衣食住はそろっている、子供も育っている。他に女性ができて、その方と再婚したくなったら、私を捨てようとするかもしれませんが、簡単には捨てられてあげませんからね」

妙にリアルな「その方」という表現がひっかかる。

「夜中にケータイで話したりしているから……でもチェックなんてしませんよ。努力のかいあって、気持ちをサッとよそに向けるのは得意になりましたから」

嫉妬は感じないのか。

「まさか、嫉妬なんて。外で何をしてもかまいませんが、『自分ばっかり、いい思いをして』という気持ちはありますね。もし他に女性がいて、その方と豪華な食事をしたりしているとしたら、『そんなカネがあるなら、こっちによこせ』、『そのエネルギーを家事の手伝いに回せ』です。夫婦共有の財産を、勝手に浪費するなと言いたい」

もし夫の裏切りが事実だったら、本当に「勝手に浪費するな」と言うだけなのだろうか。

「対決はしたくないですね。あと、本当に浪費かどうか。借金をしてまでは困るけれど、ガス抜きになる程度なら、必要経費というか。……私も新婚時代は、衿野さんみたいに、仕事を終えて夫と会うのが楽しみだった。愛される努力もしていたと思います。なのに笑いものにされたことで、夫のほうから拒否された気がします」

無地と縞柄

「夫が生理的に気持ち悪くて、食器も分けています」

そんな女性に会うために出かけた。

美智代さんが住んでいる街とは、別の私鉄の沿線だが、駅前の光景はよく似ていた。小さな不動産会社の入り口に貼ってある建売住宅の値段も、そう変わらない。

待ち合わせをしたハンバーガー店の前で私に向かって手を振っている、今日の待ち合わせ相手である加寿子さんは、実年齢の四五歳にはとても見えない、ボーダー柄のパーカーにショートパンツ姿だった。小柄で童顔だから、そんな服装がよく似合う。

「狭いうちですけれど、どうぞ」

案内された一戸建ての住宅には、軽自動車がぴたぴたに停まっている車庫があるだけで、庭はなかった。間取りは３ＬＤＫのようだが、二〇〇〇万円を切る値段だったかもしれない。夫婦とも地方出身で、親の援助を受けずに買ったのだから、むしろあっぱれと言えよう。

まず私が靴を脱いでからでないと、加寿子さんがドアの中に入れない広さの玄関は、ほどよく散らかっていた。

ホコリをかぶった靴はなく、サンダルと運動靴がきちんと並んでいる。下駄箱の上に飾られているガーベラは、一本だけ、しおれてガクンと首を落としている。神経質に磨きたてている様子はないが、投げやりでもない。

「手を洗いますか？　洗面所はこっちです」

電車に一時間ほど乗ってきた身には、嬉しい心遣いである。

「これをどうぞ。使い終わったら、そこらに置いておいてください」

渡されたのは、通信販売でよく見かける、セット売りのカラータオルだった。おかしなことに、タオル掛けが二つある。洗面台をはさんで、左手をぐっと伸ばさなくてはならない位置に、私が渡されたのと色違いのタオルが、四つ折りの形で、ちょこんとかけてある。もう一方は、すぐ右手が伸ばせる、便利なところにあり、やはりセット売りらしい縞柄のタオルが、二つ折りでぶら下げてある。

洗面台の奥には洗濯機がある。その上に、一〇〇円ショップによくあるプラスチックのかごが置かれていて、中には折りたたんだ細長いものが入っている。やはり通信販売のカタログで見たことがある。粘着テープでペタリと貼って使う、不織布の便座カバーだ。カタログには「洗って何度でも使える」と書いてあったが、数回の洗濯で擦り切れそうである。

リビングのソファセットで向かい合った加寿子さんに聞いてみた。

「タオルも別なんですか？」

「もちろん。うっかり私のを使われないように、柄も変えて、夫の手の届かないところに専用のタオル掛けをつけました。食器も色分けしていますよ。夫のは、なんでも白一色。三日に一度ぐらい、漂白剤につけて消毒しています」

加寿子さんの背中にあるクッションには、無地のカバーがかけてある。私の背中には縞柄のクッションだ。そういえば玄関のスリッパも、無地のと縞柄のとがあった。

「調理に使った鍋やボウル、自分の食器は、食器洗い機でガーッときれいにしますが、夫のは手洗い。大きめの洗い桶にドサッと入れて、六〇度のお湯をジャージャー流します。もったいないけれど、しばらく流しっぱなしにしていると、だいぶ汚れが落ちます。それから洗剤をつけて洗います」

「便座カバーも別ですか?」

「別というか、夫用のはありません。カバーをつけたら、洗濯が面倒だから。よく拭きこんでいるけれど、やっぱり気持ちが悪いですからね。私が使うときは、マイ便座カバーを載せるんです。もったいないけど、使い捨てにしています。だって夫の触ったところに密着したわけでしょ? 私のものとは一緒に洗えないじゃないですか。夫のと一緒に洗ったら、もう私は使えません」

嫌悪感を示すかのように、加寿子さんは眉をひそめてから、紅茶をいれてくれた。スペインあたりの民芸品らしい、色鮮やかなオレンジ色のカップだった。

抜け毛やガムと同じ

食器からタオル、便座カバーまで別にするほどの夫とは、もちろんセックスレスである。

「最初のきっかけは味噌汁です。結婚して二年目ぐらい、まだ子供をあきらめていなかったころです。味噌汁をよそっていたら、鍋に髪の毛が入っていた。長かったから、たぶん私のです。気持ちが悪くて捨てようとしたら、夫が『髪の毛ぐらい、平気だよ』って。自分の目の前で、気持ち悪いものを口に入れられたら、生理的に耐えられないので、結局は捨てました」

その日から、夫を見る目が少し変わった。

「不潔なものでも、平気で食べられる人なんだと、知ってしまったわけです」

しかしセックスレスに直結はしなかった。知人の紹介で知り合い、二年の交際を経て結婚した二人は、子供が欲しいという点で一致していた。結婚して満三年が過ぎてからは不妊治療を受けた。

「ムードとかは関係なく、医師の指示に従って、タイミングをはかってベッドに行くわけです。している間も、『どうか妊娠しますように』と祈るような気持ち。子供を作るためだけにしていたわけで、気持ち的にはセックスレスと同じだったかもしれませんね」

三五歳のとき、加寿子さん夫婦は子供をあきらめた。

「体外受精とか、まだ打つ手はありましたが、『もういい、このへんでやめよう』と一致しました。不妊治療に疲れてしまっていたわけです。そう決めてからも、一年ぐらいの間は、月に二度ほど、してました。でも面倒になってしまって。たぶん夫も面倒だなあと思うようになっていったと思う。自然に遠ざかりました」

「何がそんなに面倒だったのですか？」

「服を脱いだり、キスから始めて順々にコトを進めたり、そういうプロセスをたどるのが面倒でした。すごく疲れているときは、お風呂に入るのも面倒ですよね。お風呂より、もっと面倒なものじゃないですか、セックスって。相手がいるから、自分の都合だけでやめるわけにはいかないし。子作りという目的があれば我慢するけれど、意味なく頑張りたくはないですから」

レスが定着するにつれて、加寿子さんの中で、夫への生理的な嫌悪感が大きくふくらんでいった。

「ここ、すごく大事なポイントです。夫が嫌いになったんじゃないの。生理的に、抜け毛とか、体臭とか、数え上げていると気持ちが悪くなるのでやめますが、そういうものが気持ち悪くなったわけです」

どこに分かれ道があったのだろう。

「衿野さんは『セックスレスが原因です』という答えが欲しいのでしょうね。気を遣って言うわけじゃないけれど、本当にそうです。それまでは基礎体温を測って、月に三回とか四回は、必ずありました。なくなって半年ぐらいたつと、『今まで、なぜ平気でできていたのだろう？』と不思議になるほど、気持ちが悪くなりました」

マラソンを走ったあと、シャツは汗でベトベトになる。着ている間は我慢できるが、いったん脱いでしまったら、ふたたび袖を通すのは苦痛である。シャワーで汗を流したあとならば、なおさらである。その感覚に近いかとたずねてみたら、加寿子さんはうなずいた。

「抜け毛もそうですよね。頭にくっついている間は平気で触れるけれど、抜け毛になって、床に落ちていたら、ティッシュでくるまないと捨てられない」

紅茶のおかわりを注ぎながら、加寿子さんは表情をゆるめてクスッと笑った。

「ガムもそうですね。噛んだのをいったん出して、しばらくたってから、また口に入れるのって気持ちが悪いですよね」

どうにでもなると思っていた

結婚してからは「子供を作るためだけのセックス」だったと言うが、恋人時代や、結婚式に向かって準備を進めていた時期もそうなのだろうか。

「そんなに重要なことだとは思っていなかったですね。この人と結婚していいのかとか、この人は結婚してくれるだろうかとか、結婚したらうまくやっていけるかとか、相手の親とか将来のことを気にしたり、私の親を大事にしてくれるかしらと心配したり。そういうもの、価値観とか生き方とかが一致すれば、セックスのこととかは、どうにでもなると思っていたわけです。子供ができなかったのはガックリだったけれど。でも子供と切り離して、セックスそのものはというと、私にとっては、そんなに重要じゃないわけです。今も、そんなに大事なことだとは思っていません。それまで潜在的にあった、『気持ち悪い』という感覚が、セックスレスになったから、バーッと前に出てきちゃって、苦労しているところはあるわけですけれども、工夫次第で、どうにでもなりますから」

つと横を向いた加寿子さんは、壁際の棚の上にある、ノートパソコンを指差した。

「私って、何気にブロガーだったりするんです」

料理のレシピを投稿するサイトの常連だという。立ち上げて見せてくれたパソコンの画面には、大胆な幾何学模様の大皿に、サラダやメイン、パスタなどを一緒に盛りつけた、カフェのワンプレートランチを思わせる料理の写真がたくさんあった。

「写真を撮っている間に冷めちゃったりするんですけどね。頑張って料理を作った、その成果が形になって残るのが、やっぱり嬉しいわけです」

撮影した写真をパソコンにアップしながら料理を食べる。投稿した記事にコメントがついていれば返信を書く。

「パソコンを見ながらだから、味なんてわからない。わからなくていいんです。味より見た目の料理だから。レシピも公開していますが、そのとおりに作っても、味は保証しませんよというわけです」

夫の帰りは一〇時前後になることが多い。

「本が好きな人なんですよ。会社の近くの図書館が、夜一〇時までやっているんですって。そこで本を借りて、ゆっくり読んで、ラッシュが終わってから帰ってくるんです。だから食事も別。ちゃんとお皿に盛り付けてあげますよ。食器をいじられたくないからですけど」

どんな会話を交わすのだろうか。

「特にないですね。夫はスマホかテレビを見ながら食べてるし。もともと動作があまり活発じゃないほうで、ソファにじーっと座って、読んだり見たりしている人なんです。部屋の中をあちこち動いたりしないから、掃除も楽です。夫がお風呂に入っている間に、ガーッと掃除機をかけます。その後は、リビングへの立ち入り禁止。せっかく掃除したところへ、抜け毛とか落とされたくないから」

実は関心がある？

これまでの取材の中で、夫の悪口を言いつのったり、ののしったりする妻が、実は夫に強い関心を向けており、そのホンネは「私を振り向いてほしい」であることを、たびたび経験してきた。

加寿子さんもまた、「夫に関心がある」のではないか。

気持ちの悪さを軽減するための工夫を饒舌《じょうぜつ》に語る彼女は、楽しげでさえある。少年野球のチームに所属している息子が、ユニフォームをドロドロにして帰ってきたと、嬉しそうに愚痴をこぼす母親のようだ。

「ご主人が浮気をしている可能性はないですか？」

「ないです。外泊もしないし、したくても、お金がないし」

「欲求不満になっている可能性は？」

「さあ。自分で処理しているんじゃないですか」

「ご主人と、またセックスできる関係になりたくないですか？」

「いったん脱いでしまったシャツですからねえ」

「いろんな工夫をする努力を、ご主人との関係修復に振り向けるというのは？」

「修復も何も、関係が壊れているわけじゃないですから。さっきも言ったとおり、気持ちが悪いだけで、夫を嫌っているわけじゃないわけです」

最初は「面倒くさくて」、セックスを避けていたはずだ。しかし食器やタオルまで別々にするという生活は、もっと「面倒くさい」のではないのか。

「ブログのために写真を撮るのって、面倒だけど楽しいです。気持ち悪さを避ける工夫は、面倒だけど、結果として、いやなことを避けることができるわけです。無駄な面倒じゃない。でもセックスは面倒なだけです」

「生活の工夫や撮影にはリターンがあるけれど、セックスでは得るものがない？」

「そういうことです」

「離婚する気はない？」

「今の生活を崩す理由はないですからね。お金もないし」

「宝くじで三億円当たったら離婚する？」

「いえ。今より広い家に引っ越して、洗面所とトイレと寝室を別々にします」

「ご主人を愛しているんですねえ」

「ハハハッ」

加寿子さんは声をあげて笑い、紅茶のおかわりを作りにキッチンへと立った。彼女が座っていた焦げ茶色のソファは、背もたれを倒せばベッドにもなるらしく、かなり大型である。カバーの合成皮革のところどころが、白っぽく変色している。かなり使い込んでいるようだ。

もしやと思って聞いてみると、彼女は夫のいる寝室には向かわず、このソファで眠っているそうだ。

「主婦の友だちは、みんな昼は忙しくて、ネットをやるのは深夜です。私もそう。夫が寝て、静かになったところで、ここでパソ（パソコン）三昧《ざんまい》です。気がついたら〝寝落ち〟してて、またパソに戻ったりとか。朝は夫が早いので、眠っていられません。昼間、このソファで二時間ぐらい、うとうとします」

眠りにつく前に、光の刺激を視床下部に与え続けると、体内時計が狂って、睡眠障害につながることがある。画面を見つめているうちに、限界が来て眠ってしまうという〝寝落ち〟や、長すぎる昼寝が習慣化しているのも気になる。

リターンの有無

魚沼での暮らしぶりを加寿子さんに話してみた。濃密な人間関係にまつわるエピソードを披露すると、加寿子さんは眉をひそめた。

「うわっ、気持ち悪い。そんな生活、よく我慢できますね。そんな面倒くさい生活だとわかっていて結婚したのですか？」

加寿子さんの生活の工夫や料理の写真と同じで、リターンがあると感じているため、「面倒」だとは思わないと説明すると、加寿子さんは首を振った。

「夫が喜んでくれるだけで嬉しい。そんなふうに考えられるのは、最初のうちだけですよ。というかリターンがどうとか考えている段階で、アウトじゃないですか。リターンが欲しくて世話を焼いているとしたら、それは愛じゃないですよ。衿野さんも、二年後には、私の気持ちがよく理解できるようになっているはずですよ」

やっぱり夫を愛しているんじゃないか。彼女の夫に会ってみたい。加寿子さんに頼んでみると、あっさり了承してくれた。

日を改めて、彼女の夫に話を聞いた。彼がラッシュアワーをやり過ごしているという図書館は、私の東京での住まいに近い。そこから歩いてすぐのカフェを指定すると、彼は言った。

「ああ、交差点の角にある店ですね。入ったことはないけれど、何度も前を通っています」

図書館にいるというのは口実で、実は……と、ひそかに疑っていたのだが、杞憂《きゆう》だったようだ。その図書館で読める雑誌や、イベントについてもくわしかった。

「うちの奥さんとは、どんな話になっているのですか？」

加寿子さんの夫は、私がどこまで知っているのか、それをどう受け止めているのかを、しきりと聞きたがった。タオルや食器まで別にされていることを、「恥」と考え、隠したがっている様子もうかがえた。なので彼の外見や、語られたエピソードを紹介するのは控えておこう。気になったのは、彼のこんな発言である。

「奥さんを刺激しないよう、なるべく家にいないようにしています」

おととい出かけたレストランで、私は夫が飲み残したグラスのワインを、おいしくいただいた。そして夫は、私が食べきれなかったラタトゥイユに、ためらいなく手を伸ばした。だけど数年前、都内で開かれたパーティーの席上で、知人に紹介されたばかりのときだったら、相手の飲み残しのワインや、すでに手をつけたラタトゥイユは、お互いに「気持ち悪い」だっただろう。

川べりで催されたバーベキュー大会で出会ったという加寿子さんたちも、さまざまなプロセスを経て、少しずつ距離を縮めてゆき、「子供を作ろう」という段階にまで至った。

ふたたびタオルや食器を共有するまでに戻るとしたら、そのプロセスを、もう一度たどる必要があるのではないか。加寿子さんはすでに、強迫的とも言えるやり方で、夫へのラブコールを発し続けている。彼女の夫が、「なるべく家にいないようにする」

のではなく、別の方向へと努力を振り向けたら、事態はずいぶんと変わるのではないか。

私は勝手にそう考えを広げているが、加寿子さんもまた、私の「面倒くさい生活」を心配してくれている。

「ネットで見たら、昨年の秋、魚沼では水害が起きたそうですね。心配です。もしものときは、旦那さんにしっかり助けてもらって、すぐ逃げてくださいね」

「もし川が氾濫《はんらん》したら、消防団に入っている夫は、出動命令を受けて家を飛び出していくでしょうね。昨年の水害のときは、ほとんど徹夜で川べりにいましたよ」

「うわー最悪！」

産婦人科医のせいで

「次男のときの産婦人科医に、文句を言いたくてたまりません。セックスレスになったのは、医者に『とにかく産後は身体を大切に。夫婦生活はできるだけ控えて』と、強くアドバイスされたからなのです。そのせいで、必要以上に強い口調で、夫の求めを拒否してしまった……それを今、後悔しています」

澄江さんという四四歳の女性が、同い年の夫と最後にセックスをしたのは三〇歳のときだった。

「三一歳で次男を産んだとき、胎盤の排出がうまくいかなくて、入院が長引きました。性器の裂傷も、第一子のときより大きくて、回復に時間がかかりました。夫はセックスしたがりましたが、私は身体の不安から『もうちょっと待って』と歯止めをかけました」

せめて身体に触れたいと、夫が伸ばしてきた手を乱暴に振り払い、「お医者さんに止められているんだから！　私に触らないで！」と、声を荒らげたこともあった。

「男性って、相手から『ノー！』と拒絶されると、それだけで白けてしまい、プライドも傷ついて、ヤル気も失せていくもの……ですよね。私もこのトシになったからわかるのですが、三〇そこそこのときは、そうした男性の心理がよく理解できていなかった」

手厳しく拒否し続けるうちに、夫は求めて来なくなった。

「男性である産婦人科医は、オトコのそうした気持ちを知っているはず。むやみやたらに『夫婦生活をするな』と禁止するのではなく、上手な断り方とか、教えてほしかったですね」

三〇代後半までは「一時的になくなっているだけで、いつか復活するはず」と思っていたそうだ。しかし四〇歳を過ぎたころから「このまま一生セックスレスかも……」と考えるようになった。

「女性の身体は、男性と違って、しないならしないでもすむ、みたいなところがありますよね。セックスの感覚とかは、身体も心も、もう忘れてしまっているから、別にいいような気がします。一回復活したら、『もっと、もっと』となるかもしれませんから、ないならないほうが、スッキリしていていい。ただ、オンナとして寂しい気もします」

次男が幼稚園に入ったころ、夫の両親に子供を預け、夫婦で旅行しようと考えたこともあった。

「でも私たちの親の世代は、『母になったら、もうオンナじゃなくていい』、『親なのだから、夫婦でイチャイチャする必要はない』と考えがちです。旅行したいから預かってとは言い出せませんでした」

澄江さんが憂えているのは、セックスがないことばかりではない。

パートで事務の仕事をしている澄江さんは、夫の帰りを待たずに、子供たちと寝てしまうことがある。夫の帰宅が深夜か明け方になっているのに、気づかないだけなのかもしれないと言う。商社に勤める夫は、接待ゴルフと称して土日によく出かけ、泊まりがけのこともある。

「夫が浮気をしているのではないかと心配です。一時的な浮気ならともかく、いずれ『好きな人ができたから』と、夫が出ていくのではないか。本当に心配でたまりません」

あんなに愛し合っていたからこそ

そんな不安を抱くのには理由がある。

「夫は、いったんのめりこむと、前後が見えなくなるタイプです。好きな女性ができたら、とことんまではまると思います」

澄江さんはため息をついた。

「だって私と出会ったときが、そうでしたから」

澄江さんと夫は、二五歳のとき友人の紹介で知り合った。

「最初は夫の一目ぼれ。一日に何度も電話をかけてくるほど、すごいのめりこみ方でした。つきあって一カ月もたたないうちに『結婚しよう』と言われました。私もあおられて夢中になって、二人で恋愛にはまっていきました。新婚時代は、一緒に食事をするだけで楽しかった。箸を止めて、何もしゃべらずに、見つめ合っていることもありました」

いったん言葉を止めた澄江さんは、また口を開いた。

「夫と深く愛し合っていたことがあるからこそ、よくわかります。夫は遊びの浮気などできません。女性を好きになるとしたら、本気の本気なのです」

とはいえ澄江さんは、夫のケータイをチェックしたことはないそうだ。

「真実を知りたくないのです。離婚したら私は生活できないのだから、一緒にいるしかありません。白黒つけずに、このまま暮らしていたい。夫の裏切りが理由で離婚した友人がいますが、慰謝料を何十万円かもらっただけで、子供の養育費の支払いは滞《とどこお》っており、ギリギリの生活をしています」

澄江さんは肩を落とした。

「あんなに愛し合っていたのに、なぜ、こんなことになったのでしょうか」

そして、こう付け加えた。

「私はもう、あきらめないとダメですか?」

あきらめる必要などないと私は思う。いや、思いたい。だからさらに、取材を進めよう。

七章

維持する努力

いつかは来ると思っていたが

女子会について最初に取材を受けたのは、二〇一〇年の秋だった。コメントは女性向け情報誌『日経ウーマン』に掲載された後、現在は同誌の関連サイト「日経ウーマンオンライン」の、二〇一〇年十一月四日付けバックナンバーにアップされている。

記事のタイトルは「平日夜は『女子会』が楽しい！」。

［会社帰り、女性同士で集まって情報交換したり学びあったりする働き女子が急増中！　なぜ今、女子会が人気なの？　みんなどんなことを話しているの？――平日夜に盛り上がっている個性豊かな女子会と、その効用をルポ！」

こんなリードを受けて、私は「二〇年以上前の会社員時代から、女子会を頻繁に開いて」いることや、「様々な年齢、職業、ライフスタイルの女性が利害関係なく出会えて情報や経験をシェアできる女子会は、働く女性にとってとても貴重な場です」といったことを述べている。

その後、テレビなどでもコメントしてきたのは、すでに述べたとおりである。『日経ウーマン』誌の二〇一一年十二月号では、「本当に会いたい人と交流を深める、失敗しない『女子会の極意』」という記事の中で、女子会開催のノウハウを語っている。

そしてこのたび、「いつかは来るだろう」と思っていた取材の依頼を、ついに受けた。

「女子会のブームがなぜ終わったのか。ご意見をお聞かせください」

新聞社系の、女性読者が多いと言われている週刊誌の女性記者から来たメールである。彼女によれば、「社内で開かれている女子会は、派閥があって楽しい雰囲気ではないが、行かないと悪口を言われそうで欠席できない」、「大学時代の同級生と、定期的に女子会を開いていたが、いつも同じ話題で退屈になり、消滅した」といったネガティブな評価をよく聞くようになり、女子会ブームは終わったのではと感じたことから、企画を立てたという。

私が説明したのは、まず「女子会には二種類ある」ということだ。女子会という言葉は、二〇一〇年の新語・流行語大賞のひとつに選ばれたが、受賞したのは「女子会パック」をいち早く始めた居酒屋チェーン店だった。そのためもあり、女子会とは「居酒屋で盛り上がっている女性グループ」というイメージが定着したのだろう。

取材に来た女性記者も、同じ会社に勤める女性や、かつての同級生といった、「クローズ」された人間関係で成り立っている集まりを「女子会」だと考えていた。しかし「部署を超えた女性社員同士のネットワーク」や、「女友だちとの食事会」は、昔から存在した。

一方、私が主催したり、招かれたりしている女子会は、「数人の幹事が、それぞれ知人を連れてきて紹介しあう」とか、「識者を囲んで、意見交換をしながら懇親を深める」、あるいは「女性同士で皇居ランニングをしたあと、私の自宅で鍋を囲む」といった具合である。束縛がなく、初参加でも入りやすい、「オープン」な集まりである。

別の言い方をすれば、私が関わっている女子会は、「女性である」という共通項を軸に集まった、社会人サークルの一種なのだ。テニス好きが集まって会を作ったり、マラソン大会で知り合ったランナーが練習会を開いたりするのと同じ感覚である。

女子会の「ブーム」が終わったとしたら、アルコールを飲まなくなったと言われて久しい若い男性客や、接待にかこつけ、社費で飲み食いする〝社用族〟が減ったのを穴埋めするために、若い女性たちに来店してほしいという飲食業界の切実な願いが、さほど満たされなかったということであろう。

私が「自分の人生にとって、欠かせない存在である」と考えている、オープンな女子会は、ブームになるほど一般化したわけではなかったとも言える。

今も新婚気分？

ランニングの社会人サークルを通じて知り合った、四九歳の幾代さんという女性は、「女子会の経験は一度もないし、参加するのは気が進まない」という。

ふとしたことから、幾代さんは現在五一歳の夫とセックスレスだった時期があり、「それについて、誰かに話してみたいという気持ちがある」と思っていることを知った。

一対一で向き合うのと、そうした話題に慣れた女性を集め、気軽に語り合える雰囲気の会を開くのと、どちらが話しやすいだろうか。そう幾代さんに問いかけたところ、冒頭の返事がきたのだ。

「だって女同士って、とても面倒くさいんですもの。派閥を作ったり、いない人の悪口を言ったり、持ち物を見比べて格付けしあったり……。衿野さんは、なぜ女子会なんて開くのかしら?」

会社の同僚に誘われて走り始めたものの、通信機器メーカーに勤める夫はスポーツに興味がない。休日は夫婦一緒に過ごしたいからと、マラソン大会への出場は一年に三回までと決めているという幾代さんに、「日経ウーマンオンライン」に紹介されている、私のコメントの一部を、メールに貼り付けて送った。

「今は働く女性は増えましたが、正社員、派遣社員、独身、ワーキングマザーなど多様化が進み、逆に、自分が目標としたいロールモデルが見つけにくくなっています。そんな中で様々な年齢、職業、ライフスタイルの女性が利害関係なく出会えて情報や経験をシェアできる女子会は、働く女性にとってとても貴重な場です」

「実は女性同士というのは、同性だから分かり合える部分と、かえって小さな差異が目について分かり合えない部分とがあります。また、初対面、顔なじみ、順調な人、停滞気味の人など様々な状況の人がいる中で会話するので、コミュニケーション力がとても鍛えられます」

返信には「そういうことなのですね。なんだか面白そう」と書いてあったが、かえってしり込みさせることになったようだ。

「私にはコミュニケーション力がないから無理。衿野さんと二人きりで話したい」

待ち合わせをした当日、和食店の個室で、幾代さんは料理が運ばれてくるたびにケータイで写真を撮った。二人きりだから今日は遠慮しているのだろうが、マラソン大会の打ち上げの席では、三〇分おきにメールを打っていたことを思い出した。

「ブログにアップするのですか？」

「いいえ。夫に送ります」

実は私も彼女に負けないぐらい写真を撮っている。幾代さんがトイレに立ったら、その間にメールを打ち、夫に送ろうと思っている。私は新婚だからいいが、幾代さんは再来年が銀婚式で、大学生と高校生の子供がいるのである。

「いいですねえ。私も、ずっと新婚気分でいられるように頑張ろうっと」

「そうですよ、頑張らないとダメですよ。私は地方のマラソン大会に出て一泊すると、帰宅して夫の顔を見たとたん、『会いたかった』と叫んで抱きつきますよ。お土産も、家族みんなのとは別に、焼酎のおつまみになりそうな名産品を、夫のためだけに買っていきます。他にも、いろいろ、頑張っていますよ」

もう戻りたくないから

幾代さんの夫と、お酒の席で顔を合わせたことがある。筋肉質で背が高く、口元がひきしまり、意志の強そうな印象を受けた。オールバックの髪型に特徴があった。大企業の社員として、ギリギリ許容されているだろうなという程度に長く伸ばしているのである。それも技術系だからいいものの、営業だったら上司に注意されそうだ。

テレビの政治や経済に関する硬派なトーク番組のファンだそうで、理屈っぽいところもありそうだ。その日が初対面だという若い女性が、彼のグラスにビールをお酌しようとしたら、眉をひそめて言った。

「ビールの注ぎ足しはやめてください。まずくなる」

その席では、夫の隣に座るわけでもなく、特に世話もせず、自分なりにその場を楽しんでいるように見えた幾代さんだが、「アフターには、ちゃんと気遣いをしましたよ」と言う。

「たとえば電車に乗って二人きりになる前に、髪と顔をチェックします。うちの夫は、私が新しい服を着ても反応がないけれど、身だしなみが乱れていると、すぐ気付くから」

彼女にとって、そうした「頑張り」には、どんなリターンがあるのだろう。

「それこそ、今日のテーマそのもの。セックスレスに戻りたくないからですよ」

「面倒くさい」とセックスを避けている人たちが多いのに、彼女のように、手間をかけて維持している人もいるのである。その背景には何があるのか。

失っていた日々

セックスレス状態になったのは、幾代さんが三〇代後半、夫が四〇歳前後のころだった。

「子育てで忙しかったのと、息子たちの耳を気にしたことから、なんとなく疎遠になり、気がついたら一年半ぐらい、ご無沙汰になっていました。そのときは『ないならないで、すっきりしていいなあ』と思いました」

彼女もまた、セックスを「面倒だ」と感じていた。息子たちに配慮し、タイミングに合わせてお風呂に入っておくなど、行為に入るための準備がおっくうだったという。

「しかも夫との間が、ぎくしゃくするようになっていました。息子の進路について意見が合わず、平行線のまま、何時間も話し合って、それでも答えが出ない。だんだんテンションが上がり、声も大きくなります。表現もエスカレートします」

かつて私と同業で同世代、シングルマザーの女友だちが、こんな愚痴をこぼしたことがある。

「また子供を叱りすぎちゃった。言葉は凶器だわね。まして私みたいに、言葉を使って仕事をしていると、語彙も豊富だし、漠然とした感情を人に伝えるのは得意でしょ。しかも、大げさに言うクセがついている。だから子供の心をえぐるような表現が、するっと口から出ちゃうのよ」

幾代さんの夫にも、「するっと口から出ちゃう」傾向があるようだ。

「私は口下手ですが、夫は弁が立つほうです。夫は『議論を戦わせているだけで、夫婦喧嘩ではない』と言うのですが、私は心の中で『押し合い』と呼んでいました」

一方が主張を押し付けようとする。相手は押し戻そうとする。なるほど「押し合い」とは、的を射た表現だ。

「押し合いをしながら、『それ以上は言わないで。あなたのことを嫌いになりそう』と、祈りたくなることがありました。たいていは夫が自重して、『今日はもういい。改めて話し合おう』と打ち切ります」

とはいえ平行線だった議論へのいらだちから、夫は不機嫌になり、口をきかなくなる。

「私だって腹が立ちます。夫がつい勢いに乗って言っただけだとわかっていても、やはり、ひっかかっている言葉もある」

まったく口をきかないという冷戦状態が続く。

「ときには二週間も続くのです。その間は寂しく、将来も不安になる。でも育児や家事、仕事など、とりあえず気をまぎらせるものはあります。なまじ仲直りしようと頑張ると、かえってこじれることもわかってきました。だから『冷戦が続く時期があるのは仕方ない』と、あきらめるほうに、自分を持っていっていました」

セックスレスのままでいいのかと、自問することもあった。

「だけど、押し合いのときの夫の言葉や、冷戦中のブスッとした顔を思い浮かべると、『このままレスでいい』という答えになってしまいます」

身体のつながり

セックスレスが一年ほど続いたときのことだ。親戚の法事に出席するため、夫と二人で北関東にある幾代さんの実家に泊まることになった。お正月に帰省したときなどは、客間に寝るのだが、彼女の姉の夫婦も来ていたために、幾代さんの部屋だった四畳半の和室を使うことになった。

「勉強机やロッカーがあって狭いので、布団を重ねて敷きました。なつかしくて、ふとロッカーを開けたら、高校のときの制服がハンガーにかかっていました。興味を示した夫は手に取って見たがり、照れたような、かわいらしいような、子供っぽい笑いを浮かべていました」

布団に入ると、夫が手を伸ばしてきた。

「まさか、姉も両親もいるのにと、無言で身体を押しのけても、夫はあきらめない。騒ぐわけにもいかず、押し合いをして、それから……」

廊下とは、ふすま一枚で隔てられているだけである。幾代さんによれば「布団の中で、モゾモゾする程度が限界」だった。

「翌朝、夫の運転で東京に戻るため、高速道路に向かいました。ところがインターの手前で、夫が『急に眠くなった。横になって仮眠したい』と言い出しましたのです」

ゆうべはたっぷり睡眠を取っている。変だなとは思ったが、居眠り運転をされては困る。幾代さんがうなずくと、夫は車をカップル専用のホテルに向けた。

「ビックリでしょう？　しかも夫の目的は、仮眠じゃなかった。本当に驚きました」

自宅とは違って、物音への配慮などの「面倒」はない。シーツや布団カバーの汚れを気にする必要もない。

「それで、あの、よかったんです。すごく」

一回限りにはしたくない。そう考えた幾代さんは、帰り着いた自宅で眠りにつく前に、抱きついてキスを求めた。身体のあちこちにも触れた。

「また、しましょうね」

そんなメッセージのつもりだったという。その数日後に、自宅でも復活し、月に二回のペースを維持しながら数カ月が過ぎた。

「ふと気がついてみたら、押し合いの回数が減って、冷戦の時期も短くなっていました。キスや抱きつくのには、言葉がいらないでしょ。冷戦中でも、できちゃうのです。キスを求めて、でも逃げられて……みたいな押し合いはあるけれど、言葉での押し合いと違って、心をえぐるような表現は出て来ない。アレコレしていると、意地を張っていたのがバカバカしくなって、『まあ、いいか』と気持ちを切り替えられるのです」

こんなことにも気がついた。

「冷戦の時期、ブスッと黙っている夫が憎らしくて、『ずっとレスでもいい』と思っていましたが、逆ですね。レスだから、仲直りに時間がかかっていたのです。時間がかかるから、いっそう気持ちが冷めて、『レスの解消なんて、とんでもない』と思ってしまう。悪循環だったことに、当時は気付くことができませんでした」

いったん失ったからこそ、セックスの重要性を再確認した幾代さんは、さまざまな工夫を実践している。

「セクシーな真赤な下着を通信販売で買いました。身につけるためではありません。ベッドの上に広げておいて、夫に見せるためです」

夫に向かって「好き、愛している」と言ったり、会話をしながら手を握ったりもする。

「あのままレスが続いていたら、熟年離婚に至ったかもしれません。夫の定年後の長い時間と、あるかもしれない介護を考えると、身体のつながりの重要性を改めて思います」

幾代さんが「介護」という言葉を出したのは、彼女の母親の姿が念頭にあるからだという。

「私の父方の祖父母、つまり母にとっては血のつながりのない二人の最期を看取ったのです。私も少し手伝いましたが、人間が放つ、さまざまなモノと接するわけですから、『汚い』とか、『気持ち悪い』といった感覚を、棚上げしないと、何もできません」

みんなやっていること

介護というキーワードが印象的だったので、千春さんという女性に向かって、口に出してみた。

「介護ですか。まだ三二歳の私には、現実味が感じられないですね。でも、その幾代さんという方のお気持ちはわかります。普通の感覚だったら、『汚い、気持ちが悪い』と避けたいものを、目の前につきつけられるという点で、介護とセックスは似ているかもしれませんね」

結婚して三年目になる千春さんは、二つ上の夫との間で、かつて半年間のセックスレスを経験している。しかも結婚して四カ月後の、「新婚」と呼ばれる時期に始まったのである。

「最初のうちは、新しい暮らしに慣れるだけでせいいっぱい。それまで夫も私も実家暮らしでしたから、よけいに大変でした。それでも三カ月もすると、だんだん二人の生活パターンができてきて、セックスをするタイミングも決まってくる。そのタイミングが、私にとって、ちょっぴり、つらかったのです」

都心の会社に勤めている千春さんは、夫より三〇分ほど早く家に着くので、家事をしながら夫を待っている。やはり会社員の夫は、帰宅すると、まずお風呂に入る。続いて、ときには一緒に、千春さんもお風呂に入る。さっぱりしたところで、おしゃべりやテレビを楽しみながら夕食を取る。

「朝型の夫は、夜一〇時を過ぎると眠そうな顔になります。食器を洗うのは夫の役目で、それを終えると寝室に行ってしまいます」

ダブルベッドの中で、夫が手を伸ばしてくるのは早朝である。

「朝の五時とかに始めて、終わるとまた少し寝て、ベルの音で起こされる。そのパターン自体は、私にも合っていました。ただ……」

幾代さんが参加をためらった「女性ばかりの集まり」を、千春さんは積極的に活用している。打ち明け話の途中で口ごもった彼女が、グラスをもてあそんでいるのも、三〇代から五〇代までの女性が、四人で顔をそろえた場である。

「食事中に、こんな話をしてもいいかしら。もうダメだと思ったら、ストップをかけてくださいね」

早朝に手を伸ばしてくるときの夫は、入浴してからすでに一〇時間ほどたっている。

「うちの夫は、トイレで大きいのをするタイミングが、寝る前なんです。下着はピタッとしたブリーフ。それからお父さんが北海道出身のせいか、部屋の設定温度は高めです。羽毛布団にくるまれて、『ちょっと暑いな』と思うぐらい、ぬくぬくとした状態で眠るのが好きです」

参加者の一人が「北海道と、どんな関係があるの？」と聞くと、千春さんは答えた。

「防寒システムがしっかりしているから、真冬でも、家の中ではTシャツ一枚でいられるほど暖かいそうです。夫の実家のエアコンは、二六度に設定してありますよ。うちは節電を意識して、二四度に抑えていますが」

しばらく「エアコンの設定温度」が話題になった。せっかく「打ち明けよう」という気になった千春さんが、気を悪くしはしないか。しかし彼女は、「魚沼のおうちも暖かいでしょう?」と、話の脱線を楽しんでいる。

「そうそう、この雰囲気です。堅苦しくなく、ワイワイしゃべっているうちに、いろんな話が飛び出す。私がセックスレスを脱出できたのは、女子会のおかげです」

千春さんはそう言って、話題を元に戻した。

「というわけで、ちょっと汚い話になるけどすみません」

「**オエッ**」

夫の好む行為が、千春さんに苦痛を与えた。

「夫は、下のほうにも、キスされたがる。もう行為の一部になっていて、はずせない感じです。それはいいんですが、困るのは、つまりその、においです。温かい、ぬくぬくのベッドでしょう。ぴったりした下着でしょう、トイレの後でしょう……」

夫がそれを好むのは、独身のときから知っていた。

「実家暮らしだった当時は、ラブホを使っていました。だから直前に、お風呂に入っているじゃないですか。だから気持ち的にも、におい的にも、『オエッ』ということはありませんでした」

むしろ積極的に応じていた行為を、結婚後の夫が求めるのは当然である。千春さんにとっては、お風呂に入るタイミングだけが問題だったのだ。

「お風呂に入ってからにしてちょうだいと、ご主人に頼めばいいんじゃないですか？」

五〇代の女性が言うと、千春さんは首を振った。

「寝起きで〝ぽやーん〟としているときに、サクサクとお風呂に入るのは無理でしょう。あれこれしながら、だんだん目が覚めていって……という感じが、夫も私も好きなわけですし」

結婚四カ月目に入っていたその日、千春さんは、会社の帰りに夫と寄った、関西風の串揚げの店で食べすぎ、胃の具合が悪かった。

「寝苦しくて、変な夢も見て、『起きて胃薬を飲みたい、でも眠くて起きられない。

うう、苦しい』という状態でした」

　それでも手を伸ばしてきた夫の求めに応じたのは、それが初めてデートをしたという「記念日」だったからだ。串揚げも、実はそのお祝いだった。

「なのに途中でオエッとなってしまって。トイレに駆け込んで吐きました」

　寝室とトイレは隣接している。心配して様子を見に来た夫に、「揚げ物を食べすぎたから」と説明をした。

「ベッドに戻ると、気まずい雰囲気になりました。続きをする感じじゃないし、串揚げの店を選んだのは夫だったし。それに夫とすれば、『オレのが気持ち悪がられてしまった』と、そんな落胆があったかも」

　それから一〇日ほど、夫は手を伸ばして来なかった。

「遠慮しているのだなと思って、私から求めたのですが」

　例の行為には、ためらいがあった。夫も強《し》いようとはしなかった。

「ぎくしゃくしたせいか、夫は途中でダメになってしまいました」

　それから半年にわたって、セックスレスが続く。

「早朝に目覚めるのが、すでに習慣になっていました。夫も起きているなあと気配でわかる。でもお互いに、じいっとしているのです。そんな日々が続くうちに実感しました。セックスは夫をコントロールする、重要なツールです。ツールというのは言いすぎかな」

男はみんなマザコン

すでに本書では、「夫のご機嫌をなだめるのに使う」や、「セックスのときは征服させてあげて、プライドを保ってあげる」といった女性たちの証言を紹介している。そうした気配りが「面倒くさい」につながることもあることにも言及してきた。千春さんの〝ツール〟という発言にも、違和感はおぼえなかった。

「結婚して、男はみんなマザコンだと実感しました。当然ですよね、無償の愛で包んでくれるお母さんは、大切に決まっている。妻は母親とは違うけれど、『自分のことを、理屈や打算抜きで、心から愛してほしい』という願望を、男性はみんな持っていると思います」

四〇代の女性がうなずいた。

「わかります。えーっと思うような要求にこたえてあげると、男性は『こんなことまでしてくれる君が、いとおしくてたまらない』と思うみたいですね」

五〇代の女性も口を開いた。

「母親に甘えるのと同じですよね。その幼さが、いとおしいと思えることもあるし、いい加減にしてくれと腹が立つこともある」

千春さんは話を続けた。

「子供も欲しいから、ずっとセックスレスでいるわけにはいきません。解決策を考えているときに、学生時代の友人から、彼女が趣味で習っているピアノ教室の発表会に誘われたのです。その帰りに、友人やピアノ仲間、その友人たちなど、女性ばかり六人で食事をすることになりました」

その席のムードメーカーとなった四〇代の女性がいた。夫のほかに複数の恋人がいるという彼女は、セックスについての話をしたがった。

「そういう雰囲気は、あまり得意ではないので、聞き役に徹していました。でも耳は全開状態でした」

具体的なテクニックの披露が始まると、ムードメーカーが言った。

「タオルをお湯にひたして、熱々のおしぼりみたいにして拭いてあげると、男の人は喜ぶ」

もうひとつ、参考になる意見があった。

「いったん気になりだすと、とめどがない。できるだけ鈍感になったほうがいい」

どちらも千春さんに向けられた言葉ではなかったが、彼女の耳は、しっかりキャッチした。

「夫の手が伸びてきたら、さりげなくはずして、トイレに行くついでに、洗面所でお湯を出し、温かいタオルを準備します。夫は最初驚いたけれど、かわいらしく『いい子、いい子してあげていい？』と言ったら、なんとなく納得しました。気持ちがいいらしくて、恒例になりました」

たったタオル一枚とはいえ、眠いのにベッドを出るという手間がかかる。濡れたタオルをどこに置くかにも迷い、床に一〇〇円ショップのプラスチックかごを置くことにした。

「顔を拭くタオルとは一緒にしたくないから、色を分けています。面倒だけど、セックスレスに戻ったり、オエッとなるのを我慢したりするより、ずっとましです」

本当の不安は、別のところに

なぜ「セックスレスに戻りたくない」のだろう。

「実は私、婚約破棄をしたことがあります。そのときの記憶がよみがえってきてしまうのです」

二四歳のとき、千春さんは三つ年上の男性と結婚の約束をした。

「高学歴で高収入、容姿にも恵まれているという、いわゆる〝条件のいい〟男性でした。結婚を前提にしたつきあいにしたいと、私のほうから積極的に働きかけました」

彼が千春さんの両親に会いに来て、彼女も彼の実家を訪問した。結納の日取りが決まり、婚約指輪と彼に贈る腕時計を用意した。

「そこまできてから、私の気持ちが足踏みを始めてしまいました。それまでは、『彼と結婚したい！』という一心で、迷いがなかったのに、いざ実現が近づくと、『本当にいいの？』と思ってしまったのです」

気持ちをよそに、日が流れ、準備も進んでゆく。

「彼のことを好きなままでいよう、愛されたいという気持ちに戻ろう。そう考えて、いいところを数え上げてみたりしたけれど、やっぱり無理でした」

そのときも、セックスが苦痛だったと千春さんは言う。

「においがダメとか、そういうレベルではありませんでした。とにかく気持ちが悪い。彼の唾液、汗、体毛、すべてがダメでした」

延期を申し出ると、彼は「納得がいかない」と言い、もし破棄するならば慰謝料を請求するかもしれないとにおわせた。その対応に、千春さんの両親が腹を立てたことから、結局は別れることになった。

「セックスというのは、きれいごとではすまない行為ですよね。相手の臭いところ、気持ちの悪いところ、趣味の違い、すべてを受け入れないとできません。逆に言えば、セックスができている間は、大丈夫なのだと思います。介護もできるし、してもらう側になったとしても、甘えられる気がします」

セックスレスの時期は、「夫を愛せなくなるのではないか」という不安につきまとわれたという。

「こう話していると、本当の問題は、彼のにおいじゃなかったのかもしれないと思います。この夫で、本当によかったのか。これから子供を産み、育てていく人生で、本当によかったのか。本当の不安が他にあるから、においにこだわって、目をそらそうとしていたような気がします」

そうした下地があったからこそ、女子会での発言「できるだけ鈍感になったほうがいい」が、耳に突き刺さったのだろう。

タオルや食器さえ夫と共有したくないという、六章で紹介した加寿子さんを思い出す。彼女は、より敏感になるという方向性を選択した。こだわりを深めるのか、捨て去るほうに自分を仕向けようとするのか。そこで大きな差が出てくる。

セックスを維持するための努力は、確かに「面倒」なこともある。いったん失いかけたからこそ、その重要性やリターンに気付いた彼女たちは、あえて、手間をかけることを続けている。

では加寿子さんのように、長期間のセックスレスが定着している夫婦は、もはや手遅れなのか。パートナーが重要性やリターンを共有してくれなかったら、六章で紹介した、夫の変心を嘆く澄江さんのように、あきらめるしかないのか。

いや、そんなことはない。長期間のセックスレス状態から戻ってきた夫婦たちのドラマを、次の章で紹介したい。

八章

ふたたびの蜜月

テニス合宿

ランニングと違って、一人ではできないのがテニスである。インターネットが発達し、社会人サークルの運営が容易になる前の時代から、テニスの愛好家はグループを作ろうとする傾向があったように思う。

一九八八年、当時二二歳で大学を卒業したばかりだった織恵さんは、テニスの社会人サークルに参加することにした。在学中に取得した、行政書士の資格を活かして法律事務所に就職した彼女は、出会いの機会が少ないことが気がかりだった。

「サークルに参加した目的は、必ずしもテニスだけではありませんでした」

出産をきっかけに退職し、子育ての手が離れてからは別の法律事務所に勤め、現在も仕事を続けている四七歳の織恵さんは、てきぱきとした口調で語った。スラリとした長身で、流行を意識したキャリア系のスーツをうまく着こなしている。

「二カ月に一度のテニス合宿でも、着ていく服や、バーベキュー・パーティーでのふるまいのほうが重要でした」

　バブルに浮かれていた時代である。伊豆《いず》や箱根《はこね》、軽井沢《かるいざわ》などのリゾートには、さまざまな企業の保養施設が建ち並び、その多くには、テニスコートが併設されていた。週末には「合宿」と称して、サークルのメンバーが勤める会社の保養所に一泊し、昼間はテニス、夜はバーベキューを楽しむというのは、当時の遊びのパターンのひとつだった。

　本当の目的がどこにあるかは、翌日の朝、あらわになる。織恵さんや、合コン感覚で参加したメンバーは朝寝坊をするが、テニス好きは早起きをしてコートに出る。

　織江さんの夫となったのは、バーベキュー・パーティーの合間に「明日の朝、七時にコートで集合しような」と声をかけて回るような、同い年の男性だった。

　伴侶を得るという目的を達したからと、織恵さんはテニスから遠ざかった。しかし中学から大学まで、ずっとテニス部に所属していたという夫の郁雄さんは、ラケットを手放さなかった。

　バブルが崩壊し、合宿先がテニスコートのある民宿や、値段がぐっと下がった会員制リゾート施設に移行しても、年に一度か二度は、参加を続けた。

「夫の合宿への参加を、私も歓迎していました。その間は気を抜けるし、帰って来ると、ちょっぴり甘い気持ちになったりして。夫も、自分のお楽しみで留守をしたのだからと、私に優しくしてくれますし。それに夫が、テニスを続けているのって、若々しい雰囲気で、何となく、イイ感じがしませんか？」

そう言ってから、織恵さんはふと表情をゆるめた。

「今だから『若々しい』とプラス評価しているけれど、セックスレスだったときは、『合宿だなんて、いつまで子供っぽいことをしてるのよっ！』って、苦々しく思っていたんですけれどね」

セックスレスになったきっかけは、「娘の成長」だった。

「妊娠と出産でなくなっていたセックスが復活してしばらくは、新鮮で、かなりの頻度でありました。でも娘が大きくなるにつれて、音が気になり、しづらくなってしまい、激減しました。でも、特にどうとは思いませんでした」

多くの当事者が口にしたように、織恵さんも「男と女ではなく、パパとママになったのだから、これでよい」と考えていたのである。

「セックスがなくなると、お互いへの関心も失っていきました。それはそれで楽でした」

娘のいない食卓

愛されたい、喜ばせたいという欲求が薄れれば、確かに「楽」になる。テニス合宿に出発する夫の行き先は、伊豆か、箱根か、軽井沢か。あるいは口実で、浮気旅行ではないのか。

夫への関心が薄れていた織恵さんは、そこまで深く考えることなく、「行ってらっしゃい」と、そっけなく送り出すようになっていった。

「夫のテニス仲間を一人も知らない。知ろうとも思わない。夫が本当にテニスを好きなのを知っていたから、安心している面もありました。もっと言えば、信じていたからではなく、夫に関心がなかったから、疑いを抱くという発想そのものがなかったのでしょう。また、食卓などでの会話も、普通か、あるいは普通以上にあり、『夫婦間のコミュニケーションは取れている』と思っていました」

転機となったのは、専門学校を卒業した娘が、外食チェーン本部に就職したことだった。当初はレストランや居酒屋などの店舗に配属され、現場で鍛えられることになった。勤務時間は不規則で、食事は店の「まかない」である。

「娘がいなくなったとたん、食卓を沈黙が支配しました。会話があると思っていたけれど、娘がいたからだけでした。私が娘に向かってしゃべり、娘が夫に語りかけるというような、三角形だったわけです」

テニスのサークルには行かなくなっていたが、社会人サークルに参加するメリットを実感している織恵さんである。大学の校友会や、法律関係の仕事をしている女性の集まりなどには、できる範囲内で顔を出していた。娘の就職をきっかけに、人と会う回数も増えた。

「同世代の女性だけで話をする機会もあります。すると更年期障害や閉経など、年齢を意識させられる話題が必ず出るのです。お酒が入った場では、セックスレスや、不倫などの打ち明け話が飛び出すこともありました」

もう二度と……

四四歳になっていた織恵さんにとっても、切実な話題だった。そうした場でリーダーシップを取ることはなかったが、聞き耳は立てていた。

「夫とはセックスレス、でも他に恋人がいるという女性の話も聞きました。自分はどうかというと、『不倫なんて、面倒くさい』です。関心が薄れただけで、夫を嫌いになったのではありません。ただ、『もう二度とセックスせずに、人生を終わるのかなあ』と考えるようになりました」

彼女の言う「もう二度と」、そして「人生を終わるのかなあ」という感慨を、今の私は、自分に重ね合わせずにはいられない。二〇代、三〇代のときには当たり前に存在していたことが、四〇代後半の今は、「特別なイベント」である。

「最初は『自分、自分、自分』。もうセックスせずに人生を終わるのか、私は……

と、自分のことだけです。夫は、どうでもいいような気がしていました。とはいえ会話がなくなって、沈黙が支配する食卓で、目の前には夫の顔がある。そうすると、いやでも夫のことが気になります。私は二度とセックスしない人生でも、『まあ、いいか』と思っていけるけれど、夫はどうなのと思うようになりました。そして『このまま枯れるのは寂しい』、さらには夫にどんなテニス仲間がいるのかも知らないのは、不自然だとも考えました」

織恵さんが葛藤を深めていたとき、夫の郁雄さんは、何を考えていたのだろう。

「すみません。何も考えていませんでした」

照れ笑いをする郁雄さんは、「五〇歳の今もテニス合宿に出かけていく、若々しいスポーツマン」という私の予断を裏切り、前に突き出たお腹をした男性だった。

とある酒席で顔を合わせ、織恵さんが「実は私、衿野さんに打ち明け話をしたのよ」と、いたずらっぽく笑いながら概略を説明すると、かっちりしたスーツを着込み、ネクタイをきちんとしめた郁雄さんは大きく目を見開いて叫んだ。

「マジかよ！」

風体に似合わない言葉が、彼の動揺を物語っていた。

「マジだってば。……怒った？」

織恵さんは、郁雄さんの表情をうかがった。

「いや、怒らないけどさ。もっと自然に、普通に、なんとなく……だと思っていたから。でも、そうなのか。そんなに悩んでいたのか」

「そうよ。悩んでいたの。心の中に、ずっとしまっておくのは重たくって、それで衿野さんに話したのだけれど。いけなかった？」

「いや、いいよ」

「本当に？」

「そこまで考えていてくれたんだもの。悪い気はしないよ」

「本に書かれてもいいのね？」

「うーん、そうだなあ、匿名にしてもらえるならば」

織恵さんは、ホッとしたような笑顔を私に向けた。私も安心したので、織恵さんと郁雄さんが、セックスレスを解消するまでのプロセスを、遠慮なく紹介させていただこう。

「私も行く！」

二〇一〇年の暮れが近づいてきていた晩秋のある日、郁雄さんは妻が用意したクリームシチューの鶏肉を、黙って食べていた。

骨付きの鶏肉を使ったほうが味にコクが出るが、郁雄さんは、手を汚すのをいやがる。だから織恵さんはシチューを作るとき、骨付きと、そうでない鶏肉と、二種類を買ってきて、皿に盛るときにより分ける。

そんな気遣いをしている自分と、まったく気がつかない夫。セックスレス歴が、織恵さんによれば「たぶん一〇年か、それ以上」に突入していた彼女は、何かを叫び出したいような衝動にかられた。

「ちょうどそのとき、ふと箸を止めた夫が、『年明けに、一泊二日でテニス合宿に行くけど、いいかなあ』とつぶやきました。許可を求めるような言い方ですが、たぶん、もう申し込んであり、私にも、いちおう伝えておく、そんな気持ちだったと思います」

夫の言葉を聞いたとたん、織恵さんは叫んでいた。

「私も行く！」

郁雄さんは、目を大きく見開いて、彼女の顔を見返した。

「私が行っちゃ、いけないの？」

たたみかけると、郁雄さんは「いや、そんなことはないけれど」と、目をそらした。夫のためらいを感じ取った織恵さんは、「絶対に同行するぞ」と決意した。そして合宿先の伊豆高原の温泉ホテルで迎えた夜、織恵さんは夫のベッドにもぐりこんだ。

「夜は夫が緊張ぎみで不発でしたが、翌朝、無事にできました」

なぜ、あっさりと復活できたのか。織恵さんはこう分析する。

「娘の耳を気にしなくていいという解放感と、ホテルの部屋というのが新鮮だったこと。それから夫は『私も行く！』と宣言されたときから、求められると覚悟していたみたい。合宿だったのも勝因でしたね。二人だけの旅行だったら、また沈黙が支配して、気まずくなったかも。それに一〇人ほどの参加者がいて、いつもワイワイ、ガヤガヤした雰囲気だったから、夜、二人きりになったとき、ふぅっとリラックスして、とてもいい感じになれたのです」

かつては「朝七時にコートに集合！」と叫んでいた夫も、朝寝を楽しみたい年齢になっていた。約一〇年ぶりのセックスを終えて、夫の肌のぬくもりを感じながらベッドに横たわっていると、幸福感に包まれたという。

「この人は確かに私の夫なのだ、これからの人生を共に過ごすのだと実感しました。セックスだけではなく、安心感や幸せ感など、深いものを取り戻すことができたなあと思いました」

とはいえ自宅では、やはり娘の耳が気になる。一度限りの夢で終わるのかと、織恵さんが葛藤を深め始めていたとき、二〇一一年の三月十一日を迎えた。

「東日本大震災の当日、やっと夫と電話が通じたときの安堵感は、今、思い出しても、涙ぐんでしまうほどです」

明け方近くに帰宅した夫を玄関で迎えたとたん、余震をおそれて一緒にいた娘の目も構わず、抱きついたそうだ。

「この人は、やっぱり私の大切な夫だという気持ちが強まりました。もしセックスレスのまま震災にあっていたら、『震災離婚』に至っていたかもしれません」

その翌日、自宅でのセックスが復活した。

「夏休みのテニス合宿にも同行し、夫と共通の友人ができました。娘を気遣う必要があるため、月に一度か二度が平均値ですが、娘が結婚でもして出て行けば、もっと増えるはずです」

妊娠と出産が、セックスレスのきっかけになったという夫婦は多い。ならば逆に、子育ての終了が、セックスレス解消につながっても不思議ではない。

「セックスレスのときは、軽い接触すらゼロだったので、セックスへのハードルが高く感じられました。だからキスしたり、抱きついたりして、ふだんから身体を接触させるように心がけています」

殴ってくれればいいのに

調べ物をするために、東京の西部にある区の図書館に出かけた。入り口に、地元の博物館や美術館の催し物の告知をするコーナーがある。

カラー刷りの美しいポスターに混ざって、たどたどしい筆づかいのイラストを添えた、手作りの小さなチラシが貼られていた。その図書館の児童室で、子供たちに絵本を読み聞かせするという、イベントと呼ぶには小さな「定員一〇名」の集まりだ。

睦代さんという六五歳の女性が関わっているというのは、この読み聞かせなのだなと思いながら、「おばあちゃんの知恵も借りられます」と、ペンで書き加えられた文字をじっと見つめた。

同居はしていないものの、二人の子供と三人の孫がいる睦代さんが、「おばあちゃんの知恵」を提供するのだろうか。

しかし図書館でのボランティア活動に加え、スポーツクラブのスイミング教室にも通うなど、アクティブで服装も若々しく、手入れの行き届いたショートヘアがよく似合う彼女を、「おばあちゃん」と呼ぶのはためらわれる。図書館での用事をすませてから、彼女に電話をしてみた。

「私じゃないわよ。元気いっぱいの、すてきな八二歳の女性がいるのよ」

近くにいるなら、お茶でもと思い誘ってみた。

「あらま残念。今、夫と二人でね、東京タワーに来ているの。東京の東のほうでは、スカイツリーの開業が騒ぎになっているでしょ。西側の住人としては、東京タワーを応援してあげたくなっちゃってね」

東京タワーの足元にあるホテルで、食事をして帰るつもりだという睦代さんは、かつて二つ上の夫と、五年間にわたるセックスレス状態にあった。それればかりか、彼女は離婚を決意し、裁判の証拠として提出するために、夫の言動をノートに記録していたのだった。

「残念ながら浮気もしてくれないし、ギャンブルやお酒の問題もない。私を殴ってくれれば、ＤＶ夫になって話が早いのにね。言葉の暴力や、精神的な虐待を理由にするしかないとわかりました」

夫に暴力をふるわれ、ＤＶすなわちドメスティック・バイオレンスの被害者になれば、離婚の理由ができる。そんなことさえ考えていたはずの睦代さんは、「じゃあまたね」と楽しげに電話を切って、夫とのデートに戻っていった。

やんわりと

睦代さんに初めて話を聞いたのは、東京スカイツリーの開業まで、一カ月を切ったというニュースが流れたころのことだった。東京タワーの足元にあるのとは別のホテルのカフェで、睦代さんは静かに語り出した。

「セックスレスになった理由は、私が拒否したから。だって、痛かったんですもの」

その当時、彼女は四八歳の誕生日を迎えたばかりで、夫は五〇歳だった。

「それまで週に一回のペースでしたが、夫は、もっとしたがっていました。子供がうちにいる間は、『聞こえちゃうから』と、やんわり断って、なるべく回数を減らすようにしていました」

断り方が「やんわりと」だったのは、彼女が専業主婦であることと無関係ではない。

「夫と喧嘩をして、家の中がギスギスすると、損をするのは結局、私です。夫は会社に行けば、気がまぎれるでしょ。イライラして家事の手抜きをすれば、あとで片付けや洗濯が大変になるのも、結局は私。だから気を遣っていたのです」

誕生日に、高校時代の同級生からお祝いの手紙が届いた。そこにはついでのように、更年期障害の悩みがつづられていた。

「これだと思いました。身体の不調を理由にすれば、波風を立てずにセックスを断れますよね」

夫に「更年期障害が始まり、とてもセックスはできない」と告げた。

「それでも夫は求めてきたり、手で触ってほしいと身振りで示したり。そうすると『体調が悪いと言っているのに、なぜ、平気で、そんなことを求めるのっ！』と、腹が立つのです。更年期障害は口実にすぎないのに、本当に、体調が悪いような気がして、過去の出来事がよみがえってきました」

風邪を引いて寝込んでいる睦代さんに、夫が「食事は外で済ませてくるから、心配しなくていいよ」と言い置いて外出しようとしたこと。食欲はないが、何か食べないと回復しないと心配になり、「レトルトのお粥《かゆ》と栄養ドリンクを買ってきて」と頼んだのに、忘れて手ぶらで帰ってきたこと。

息子が万引きで補導されたとき、教師や警察官の前で、睦代さんを責めたこと。一方的なセックスに苦痛をおぼえ、「やんわりと」訴えかけても、まったく無視し続けてきたこと。

「夫には、自分のやり方があり、その手順どおりでないと終わらないのです。痛いけれど、我慢して応じないと、時間が長くかかって、よけいに大変になるのです」

セックスレス状態から復活した今、睦代さんはサラリと語る。しかし当時の彼女に話を聞いていれば、本書で紹介して「セックスレスになりたがっている女性たち」と同じように、切実で痛々しい表現が飛び出したにちがいない。

「夫のいやな面が、すべてセックスに表れているように思っていました。いえ、思っていただけではなくて、本当に、そうだったのです。私が『やんわりと』などと気遣っていることに、まったく無頓着。私がなんでも自分の思いどおりに動くはずだ、動かなかったらおかしいと、そう考えているような夫でした」

　トップクラスとは言えない私立大学を卒業しながら、有名な大手企業に就職した夫は、学歴のハンディを乗り越えて、順調に出世をした。四〇代後半で「将来は役員になるだろう」と周囲に噂され、後に現実となった。

　地位を固めてきた人生への自負心が、「妻は自分の思いどおりに動くもの」という、おごりを生んだのかもしれない。セックスを拒否された四〇代後半は、「この先、役員にまでなれるかどうか」という、熾烈《しれつ》な競争の渦中であり、妻を思いやる余裕がなかったこともあるだろう。

「苦痛だったセックスを断ってみたら、楽になるどころか、よけいに夫が嫌いになりました」

　やがて長男が就職し、家を出ていった。一つ下の長女は同居を続けていたが、やはり就職して外出が増えた。睦代さんの関心は、夫に集中しがちになる。今までよりも夫を細かく観察するようになった。夫への反感がふくらんでいる時期だったから、「あらさがし」に近い視線だったとも考えられる。

夫婦で寝ている洋室には、シングルベッドが二台ある。更年期障害を理由に、かつては息子が使っていた六畳の和室に布団を敷いて眠るようになった。息抜きに出かける場所は、自宅から歩いて五分ほどの場所にある、区立の図書館だった。

「そこで、離婚に関する本をふと手にしたとき、希望の光が見えました。夫が退職したら、私も主婦業を卒業して、離婚すればいいのだと気付いたのです」

先に準備したほうが勝ち

自宅マンションのローンは完済していた。バブルの盛り上がりと崩壊を上手に切り抜けた夫は、資産の運用にも成功し、二〇〇〇万ほどの預金があった。退職金も期待できる。

「四〇〇〇万円もらって離婚したいと思いました」

しかし夫の側に、離婚の理由となるような落ち度があるわけではない。

「準備が必要だと思いました。区が主催している無料法律相談に行き、弁護士に相談をしました。信頼のできそうな人だったので、その後は事務所に行って相談料を支払い、作戦を練りました。まず直感したのは、『私が離婚したいと思っていることを、絶対に夫に知られてはならない』ということでした」

彼女の直感は正しい。離婚は「先に準備したほうが勝ち」だというのが、取材を重ねてきた私の実感である。

「そう決めてからの私は、夫に優しくなりました。セックスを拒否した以外はね」

接待や会議などで外食の多い夫を心配し、睦代さんは、ほうれんそうのおひたしや、季節の野菜をゆでたサラダなどを、食卓に載せた。しかし野菜が好きではない夫は、手を出そうとしない。

「私が『身体のためだから、食べて』とお願いすると、やっと、しぶしぶ食べるのです。自分は野菜なんて嫌いで食べたくない。だけど、低姿勢で何度もお願いされたから仕方がない、食べてやるか……という形を取りたがる。変なポーズというか、こだわりがあったわけです」

夫たちの「ポーズ」や「こだわり」については、本書でも、たびたび言及してきた。それらを「いとおしい」と思える間は大丈夫だが、分かれ道を過ぎると「つまらない男だ」に変わってしまうとも、すでに述べてきた。

「離婚を決意してみると、『どうか召し上がってくださいませ』とお願いするのが、苦痛ではなくなりました。だって本当に、切実に、心から、『元気でいてもらいたい』と思うようになりましたもの。身体をこわされたら、離婚の計画が狂いますからね」

もうひとつ、理由があった。

「いずれ夫は、私に離婚を突きつけられて青くなる。今のうちに、せいぜい、いばっておきなさいという気持ちでした」

私が分かれ道というキーワードを出すと、睦代さんはうなずいた。

「そのとおり。離婚という目標ができてみたら、夫にかける手間が、すべて『面倒』どころか、楽しい作業に変わりました。離婚するためだと思うと、楽しくご奉仕できましたよ、うふふ」

従順、ときどき反撃

睦代さんの話を聞いていると、表面上は「従順な妻」だったようだが、そうばかりではなかった。

「ときどきは反撃をしていましたよ。くわしいことは言いたくありませんが……夫の近い親族に、家庭や仕事で問題を抱えている人がいます。夫が世間に対して、隠そうとしていることです。夫に対して、へりくだっているふりをしながら、痛いところをチクチクと突く、それが私の反撃でした」

離婚の計画を、じっくりと練り上げるような睦代さんである。反撃も単純ではなかった。

「仕事の話をめったにしない夫が、『契約がうまくいった』と、機嫌よさそうに口にしたようなときを狙って、痛いところを突いてやりました。もちろん心配そうな表情を作ってです。盛り上がった気持ちがシュンとなって、苦しそうな表情をします。それを見るのが快感でした」

一見は甘い砂糖菓子に、小さなトゲを混ぜて差し出すようなものだったのだろう。しかし離婚を意識して以来、彼女はトゲを抜くことにした。

「策略があるから当然なのですが、それだけではありません。離婚のことを考えると、ストレスがなくなって、落ち込むことも減りました。それまでは、自分を責めて、悶々とすることが多かったのに……」

セックスの誘いを断り、夫が不機嫌になる。そんなとき、睦代さんは「もっと上手に言ってあげればよかった」や、「こんな夫になってしまったのは、私の対応がいけなかったからかもしれない」などと、考えこんでしまうことがあった。

「反省したり、自分を責めたりしていると、今度は夫がうらめしくなってくるのです。私をこんなに悶々とさせて、ひどいじゃないのという気持ちです」

離婚という明確な目標を定めた睦代さんは、迷いを捨てた。つまり「悶々とする」必要がなくなった。

「離婚を決めたとはいえ、もちろんスパンと割り切れるものでもなく、『これでいいのかしら？』と考え込むこともありました。でも、自分に『もう決めたんだから！』と言い聞かせました。答えは出ているのだから、考えても時間の無駄だと思うことにしたのです」

気持ちの切り替えと並行して、「夫の言動をノートに記録する」という、離婚への準備も進めていた。しかし砂糖菓子のトゲは抜いてある。夫から、攻撃的な言動を引き出すことはできたのだろうか。

「モノは言いようですからね。さっきお話しした、ほうれんそうのおひたしのこと。あれだって、『夫の機嫌を損ねたら、何をされるかわからない。恐ろしさのあまり、へりくだった態度を取るしかなかった』とか、夫の何気ない一言を『目を怒らせ、語気を荒らげて大声を出されたため、身体がすくんで動けなかった』と書き留めたら、また違ってくるでしょ」

夫がかわいそう

トゲが消えたことに、夫も気付いた。

「夫は、何の予告もなしに、テレビのチャンネルを替えてしまう人です。それは今も同じですが、替えたあと、私を見て、『こっちの番組でもいいか？』と聞くようになったのです。最初のうちは、『何が起こるかも知らずに、うふふ、おバカさんね』と思っていました。でもだんだん、夫がかわいそうになってきて……」

絶えていたセクシュアル・コンタクトを復活させたのは、まず夫のほうだった。

「初夏になって、そのシーズン初めての半袖を着たとき、夫が私の腕をスーッと撫で上げたのです。ゆっくりと、ちょっとエッチな感じで。そして『久しぶりに見ると色っぽいなあ、すべすべだなあ』と、まぶしそうな顔で言ってから、チュッと唇をつけたのです」

そのとき睦代さんは五一歳で、夫は五三歳だった。

「ゾクッとしました。気持ちが悪くて……ではありません。刺激を感じたのです。夫とはお見合いでした。紹介されたあと、並んで歩いているとき、ふと手が触れ合って、すごく意識したことを覚えていますが、そのときに近い感覚でした」

初対面で手が触れ合った瞬間、夫はビクッと反応した。それを感じた睦代さんは、「この男性は、私に好かれたいと思っているのだな」とひらめいたという。時を隔て、離婚を決意していた睦代さんは、「夫は私に、まだオンナを感じている」と感じた。

分かれ道を過ぎたはずだったが、ふたたび「いとおしい」側へと、流れが戻り始めていたのであろう。

寝室を別にして以来、夫から求められたことはなかったが、睦代さんの中で、こんな思いが生まれた。

「もう一度ぐらい、寝てあげてもいいかも」

寝て「あげる」という、見下した表現に、彼女の気持ちが象徴されている。離婚の決意に気付かない夫よりも、睦代さんは高みに立っている。その余裕が言わせたのだろう。また、高みに上がったために、夫の言動に含まれているトゲは、睦代さんに届かなくなった。チクチクと刺される痛みが消えたことによって、夫への反感も薄らいでいたはずだ。

「今にして思えば、自分への言い訳や照れ隠しですが、『寝てあげれば、離婚の計画を隠すのにも役立つ』とも思いました」

しかし、すでに三年以上にわたってセックスレスが続いている。いったい、どうすれば復活できるのか。

寝室へ

お見合いから結婚に進んだ睦代さんたちは、新婚旅行先の北海道で、初めて結ばれた。

「最初の晩、夫はひどく緊張していました。一緒に布団へ入ったのに、カチンと固まっていて、身動きをしないのです」

睦代さんも身体を硬直させ、じっと横たわっていた。

「そのうちに、喉がカラカラになりました。我慢できなくなって、布団を出ました。冷蔵庫にあったオレンジジュースの栓《せん》を抜いてから、ふと思いついて、夫に『飲みますか？』と声をかけました。夫は『うん』と答えてから、自分も起きてきました。二人でジュースを飲んでから、自然に……」

新婚旅行の夜を思い出した睦代さんは、同じ行動に出てみることにした。

「娘が寝ていることを確かめてから、お盆にウーロン茶の入ったグラスを載せて、夫が一人で寝ている寝室に行きました。気配で目を覚ました夫に、『飲みますか？』と聞きました」

新婚旅行の再現だと気付いたのかどうか、睦代さんは「まだ夫に確かめたことがない」そうだが、やはり夫は「うん」と答えて、起き上がった。しかし「自然に……」とはいかなかった。

「私の意図が見えず、とまどっていたと思います。私も深追いはせず、空になったグラスを持って、寝室を出ました」

そのときのグラスはひとつだけだった。しかし一日を置いて、ふたたび寝室に行ったとき、睦代さんはグラスを二つ、お盆に載せていた。

「寝室が別だったから、かえって復活しやすかったのだと思います。私が寝室に行く、それだけで意思表示になりましたからね」

かつて睦代さんは、「痛いから」とセックスを避けていた。それは解消されたのだろうか？

「加齢のおかげで助かりましたよ。四〇代のときの夫は、するたびに、最後までいかないと満足しなかった。でも五〇を過ぎて、体力不足になったのか、プロセスだけで満足するようになっていました。私がわずらわしく、苦痛を感じていた、一連の手順を最後まで踏まずにすむようになったのです」

勤務先で役員を退いた後、子会社の社長を務めた夫は、昨年退職した。離婚するという計画はどうなったのだろうか。

「復活してみたら、人肌のぬくもり、恋しさ、それらを忘れていたことに気付きました。だんだん『離婚までしなくてもいいか』という気持ちになりました。ホンネを言えば『こんな夫でも、いないよりはマシか』です。今も、愛しているというほど、大切に思っているわけではありませんよ。いないよりマシだから、一緒にいるだけです」

本当に「いないよりマシ」程度の存在だったら、二人で東京タワーに登ったりはしないだろう。彼女の言葉を借りれば「自分への言い訳」であり、方向転換したことへの照れ隠しに違いない。

東京タワーにいた彼女に電話をかけた数日後、睦代さんからこんなメールが届いた。

「あれから夫に確かめてみました。新婚旅行の再現だとは、気付いていなかったそうです。それどころか『そんなことがあったっけ?』ですって。腹が立ったから、北海道旅行に連れていく約束をさせました」

またスカイツリーになって

一九八〇年代に建築された古めかしいマンションの三階に、夫と息子の三人で暮らしている愛子さんという女性は、引っ越しにあこがれていた。

「新しいマンションの二〇階以上に住み、ベランダで景色を眺めながらコーヒーを飲むのが夢でした」

夫が父親から受け継いだ建築関係の会社は、社員が五人とコンパクトながら、堅実な経営である。住み替える余裕はありそうだったが、夫は「今のままでいい」と、動こうとはしなかった。

三七歳の愛子さんは、派遣社員として働いていたが、出産してからは専業主婦である。財布はひとつ上の夫に任せ、毎月決まった額の生活費を受け取っている。

引っ越しをしたい、いや必要はない。そんな問答にピリオドが打たれたのは、スカイツリーのおかげだった。マンションのベランダから、建設中のスカイツリーが見えるようになったのだ。

「うちからスカイツリーが見えるのよと、友だちを招いたりもしました。でもね。実はひそかに、変な想像もしていました」

愛子さんは、含み笑いをして、言葉をにごした。ファイザー製薬は、硬度を「りんご」や「こんにゃく」にたとえているが、愛子さんは、スカイツリーに重ね合わせていたのだった。

かつて愛子さんと夫との間には、「セックスへのサイン」があった。

「布団を並べて寝ているのですが、したいなあと思ったら、自分の布団を移動して、相手の布団にピッタリくっつけるのです」

円満だったのに、新型インフルエンザに感染した夫が、治りきる前から自宅のパソコンで仕事を再開するなどの無理を続けたためか、愛子さんの言葉を借りれば「ややED」という状態になってしまった。

「私はキスや抱擁だけでもいいと思うのに、夫は『ちゃんとスカイツリーになって、入れなければ、セックスじゃない』と考えていたようです。男性って、私が思っていた以上に繊細なのですね。私は抱き合っているだけでもいいと思うのに、夫は『立たないのを隠したい』と思うのか、私が布団をくっつけて敷くと、『疲れているし、眠いから、ゴメン』と、また離すのです。そんな言い方をされると、自分が理不尽なことを求めているような気にさせられて、私もムッとしました」

そんな夜が明けた翌朝、ベランダで洗濯物を干す愛子さんの目に、日々、育ってゆくスカイツリーが飛び込んでくる。

「また元気になって、スカイツリーのようになってほしい。そのためには、我慢して、気を遣ってあげよう。そう考えて、私から布団をくっつけるのは控えるようになりました。だけど逆効果でした」

夫から求めてくることはなかった。スカイツリーの着工は二〇〇八年七月。建設が進むのと歩調を合わせるようにして、セックスレスが定着したのだった。

「一緒に歩いているときに、腕が触れると『あっ、ゴメン』とあやまって、身体を遠ざけるような、他人行儀の雰囲気になりました。お互いの身体に触れるのが、大事件みたいになってしまったのです」

やがて愛子さんは強いストレスを感じるようになった。

「何気なく敷いた布団の距離がいつもより近いと、夫はビクッとする。私は『そうじゃないのに！』とイラだつ。すると夫は、ＥＤなのを責められていると感じて、また萎縮《いしゅく》してしまうのです」

三度目のお盆の夜

三人姉妹の真ん中として、四国で生まれ育った愛子さんは、都内の大学に進み、現在の夫と知り合った。姉や妹とは、今でも毎日のようにメールを交わし合う。それぞれの子供たちも仲がよいために、愛子さんの息子は、夏休みに一〇日間ほど、母親の実家で過ごすのが恒例になっている。

「セックスレスじゃなかった時期は、息子の留守がありがたくて、毎晩のように頑張っていましたよ」

その年も、息子は四国に向かった。スカイツリーを眺めながら、愛子さんは三年前のお盆に、最後のセックスをしたことを思い出した。

「セックスレス歴が満三年になってしまったと意識しました。ずっとこのままではいやだと思いました。でも年齢を重ねれば重ねるほど、男性は、より元気を失っていくわけですよね。日がたつにつれて、復活の可能性がどんどん薄れていくような、焦りを感じました」

EDに関する記事や広告が新聞に載っていると、「夫も見たかな？」と思う。病院に行ってほしいとも考えた。

「でも、何かの拍子に身体が触れ合うと、夫がビクッと反応するのです。考えすぎだったかもしれないけれど、私には、夫が『ビクッ』として、逃げたように見えました。その『ビクッ』とする夫を見たくなくて、自分を抑えていました」

ストレス発散の手段は買い物だった。しかし夫は、渡してくれる金額以上の出費は、なかなか認めてくれない。クレジットカードの請求書のあて先も夫だから、内緒の買い物はできなかった。

「仕方がないので、スーパーや一〇〇円ショップ、量販店などで、生活必需品の買いだめをします。いつもより高価なシャンプーや、私だけが食べるお菓子を買い込むと、けっこう気がまぎれるんですよ。私も夫に似てきたのかな。堅実というか、はっきり言えばケチになりましたねえ」

ロングヘアをすっきりと束ねた愛子さんは、瞳をくるくるさせて笑った。

「その日は、家電の量販店に行きました。オーブン兼用の電子レンジが古くなり、買い替えてもいいと夫のＯＫが出たからです」

大きな買い物を済ませた高揚感とともに商店街を歩いていると、ふとワインの専門店が目に入った。夫も愛子さんも晩酌の習慣はない。夫はワインをグラスに一杯、なんとか飲み干せる程度の酒量である。愛子さんも「飲めば飲める体質かもしれないけれど、それほどたくさん飲んだことはない」である。

「ワインショップの店頭に、シャンパンが並んでいました。ボトルに花の絵が描いてあって、とってもかわいいの。それにシャンパンは高いというイメージがありましたが、なんと一九八〇円だったのです。スペイン製のシャンパンでした」

シャンパンと名乗れるのは、フランスのシャンパーニュ地方の限られた地域で、定められた製法を守って醸《かも》されたものだけである。スパークリングワインを「シャンパン」と思い込んでいるほど、お酒に興味がない彼女が、それを購入したのはなぜだろう。

「新しいオーブンで、ローストビーフを作ってみようと考えていました。滅多にないことだから、お酒も飲んじゃおうかな、そんなつもりでした。一度に飲みきれるはずはないけれど、残ったら、栓を締めなおして、また翌日、飲めばいい。そう思って買いました」

しかし誤算があった。シャンパンも、スパークリングワインも、きっちりとはめこまれたコルクの栓は、一度抜いたら、元に戻すことはできない。日本酒の次にスパークリングワインが好きな私の部屋には、ボトルの口をぐっと押さえつけて止めるストッパーがいくつもあるが、もちろん愛子さんのうちにはなかった。

「見ているうちに、どんどん泡が消えていくのがわかり、もったいなくて仕方がない。満三年になったと意識して、むしゃくしゃしていたし、『ええい、飲んじゃえ！』と、グイグイいきました」

酔いが深まるうちに、愛子さんの心の栓もはずれた。

「夫に気を遣い、自分を抑えてきたのが爆発しました。夫に向かって『私はあなたのことが、世界で一番好きなのに！』と叫び、『なのに、なんであなたは……』とからみました」

ちょっぴり打算

なんともかわいらしい「からみ酒」である。

「本当のことを言えば、お酒を言い訳にして、ホンネをぶちまけたかったのです。だから夫がホロッとしそうな言葉を選びましたよ。ちょっぴり打算だったかも、うふふ」

グラスに注がれた〝シャンパン〟を、二センチだけ飲んだ夫は、神妙な顔をして、愛子さんの言葉を聞いていた。

「私がそんなふうに内面をさらけ出したのは初めてでした。だから夫の心にも響いたのでしょう」

思いをぶちまけてスッキリした愛子さんが、「もう寝るっ！」と叫んで立ち上がると、夫も寝室についてきた。愛子さんは布団をくっつけて敷いた。

「結合には至らなかったけれど、抱き合いました。夫がスカイツリーになっているかどうか、確かめたいのを我慢しました。きっと夫は、ビクッとするでしょうから。それに抱き合うだけでも、私は幸せでした」

翌朝、愛子さんは、歯を磨いている夫の背中に抱きついた。

「まだ酔いが残っていたからでしょう。夫がビクッとしたような気がしましたが、無視することにしました」

セクシュアル・コンタクトが復活したものの、息子が四国から帰ってきたため、セックスレスの解消は先送りになった。

「でも夫の身体には触れ続けました。そのうちに、夫から、チュッとキスしてくれたのです。そのときのビックリといったら！」

愛子さんは言葉を切り、大げさなしぐさで両手を広げてみせた。

「恋愛が始まったばかりの微妙な時期には、手を握る、肩に触れるなどの行為に、ドキドキ、ワクワクしますよね。セックスレスを解消するには、いったん昔に戻って、夫とまた恋をし直すのが必要なのかもしれません」

息子の新学期が始まり、秋の遠足から帰ってきて深く眠りについた夜、セックスレスの期間は終わった。現在も、月に四回前後を維持している。

「相変わらずEDぎみで、最後までいかないことも多いけれど……私は、肌を合わせているだけでも、セックスになっていると思っています」

長期間のセックスレスから復活した織恵さんと睦代さん、愛子さん。三人に共通するのは、セックスレスだった時期の苦悩を語っているときでさえ、まるでのろけ話のような、甘い華やぎが感じられたことだ。長期間の禁欲生活を経て、やっとたどり着いたセックスはどれほど甘美だったことだろう。素晴らしい時間を共有したことで、身体だけではなく心の距離も縮まったはずだ。夫婦の間で復活したのは、セックスだけではなかったのである。

そしてまた、夫婦の絆《きずな》というものの強さを、改めて見せつけられた思いがする。どんな夫婦にも、愛し合い、ともに家庭を作ろうとした出発点があった。そこに立ち返るのは、決して不可能ではない。長期間のセックスレスから脱出するために、まず必要なのは、この「不可能ではない」という確信ではないか。

分かれ道を過ぎてしまったのなら、また戻ればよい。ふたたびの蜜月に酔う夫婦の姿は、そんな希望を与えてくれた。

終章

世の中の流れに逆らって

安心しきっている男たち

ずっと独身でいるだろうと思われていた夫の結婚は、周囲を騒がせた。そのため行く先々で「奥さんに会ってみたい」と言われるようになり、さまざまなイベントや宴会に私も同席することになった。

そのひとつ、三〇代から五〇代の男性ばかりが一五人ほど集まっていた場でのこと。次回作のテーマを問われて「セックスレスです」と言うと、大きなどよめきが生まれ、私を置き去りにして男同士の会話がはずみ始めた。

「夫婦の間ってのは、セックスレスが普通だよな。四〇歳とかを過ぎてまだセックスしている夫婦は、どこかおかしいんじゃないの？」

「えっ、ウチはセックスしてるよ。年に二回ぐらいだけど」

「うちは二年に一回かな。あ、でも、もう三年ぐらい、してないかも」

どうやら大半の人が、日本性科学会の定める「セックスレスの定義」にあてはまるようだ。

なぜしないのか。これから復活する気はないのか。問いかけてみたところ、ビールのジョッキやウーロンハイのグラスを手にした彼らは、口々に答えた。

「もう五年もしていないのに、今さらできませんよ」

「だって女房は家族ですよ。家族とセックスするなんて、気持ちが悪いじゃないですか」

「カミさんはもう四〇代後半です。無理です」

「結婚して一五年もたっていますからねえ。もうしなくてもいいんじゃないですか」

まず思ったのは、「パートナーがいるという状態に、すっかり慣れているのだなあ」ということだった。

一人暮らしの長かった私には、「行ってらっしゃい」と見送る相手がいて、食事をともにする家族がいることが、とても素晴らしい、得がたい宝物のように感じられる。せっかくの宝物をおろそかにするのはもったいない。真価に気付いてほしいと切に思う。

その一方で、セックスがなくても「夫婦の絆は安泰だ」と考えているらしい彼らの落ち着きぶりが、ちょっぴりうらやましくもある。私たちにはまだない、夫婦の歴史の重みがそこにはある。

「ところでお前、家庭の外でもセックスレスなのか?」

男同士の会話が、さらにはずみだしたので、私たちは先に失礼することにしよう。

やはり、あったほうがいい

メンチカツと山菜料理が名物だという居酒屋を出た。街灯の光をキラキラと反射しているコシヒカリの田んぼの脇を、夫と二人で歩きながら考えた。

「世の中の流れに乗っていると、セックスレスの方向に持っていかれるのだなあ」

一章でも触れたとおり、セックスレス夫婦が増えているのは、日本の社会状況に一因がある。日本人のセックスは、世界一貧しいという報道も、「ウチだけじゃないのだから」という安心感や肯定につながっただろう。

しかし、いったん失ってから再び復活した夫婦や、維持する努力を続けている人に話を聞くと、「セックスとは、とてもいいものなのだなあ」と実感せずにはいられない。そしてまた、失って悶々としている人の苦悩を聞けば、「やはり、あったほうがいいのだなあ」と思う。

せっかく取材を重ねてきたのだ。セックスレスに向かって連れ去ろうとする、世の中の流れに逆らうための方策を考えてみよう。

その①は【身体の接触を維持する】である。

セクシュアルでなくてもいい。腕に触れる、肩をたたくといった接触の有無は大きい。出勤する夫を見送るときや、こうして並んで歩く機会をつかまえては、手を伸ばしてみよう。

続くその②は【人前でも愛を語る】にしておこう。

自宅が交通量の多い道路に面しているため、私が夫を見送る姿は、さまざまな人に目撃され、噂になっているそうだ。

「新婚さんは、いいですねえ」

そうからかわれたら、素直にこう答えよう。

「見送りをすれば、少しでも長く一緒にいられますからね」

その③として、【微妙な問題は話し合わない】を挙げたい。

セックスレスや、セックスへの不満を、夫に伝えられずにいる妻たちに共通するのは「どう言えばいいのかわからないから」と、「理解してもらえそうにない」というあきらめだった。

性にまつわる不満は、理屈や計算では割り切れない、感覚的なものだ。言葉にしてみたところで、人によって受け取り方は違う。微妙な問題が生じたら、言葉に頼らず、身体の接触や愛情表現での解決をはかりたい。

さて結納がバレンタインデー、結婚式がホワイトデー、披露宴が「子どもの日」と、わかりやすい日を選んだのは正解だった。その④は【記念日を大切にする】である。

夫婦の歴史は積み重ねていきたいが、「セックスがなくても夫婦の絆は安泰だ」と考えるほどには慣れたくない。新鮮さを残しておきたい。スケジュール帳を新しくするときは、まず、これらの日付に印をつけよう。

最後にその⑤【負けん気を捨てる】。寝室にバランス・ゲームを持ち込むと、セックスが駆け引きの道具になってしまう。夫とは勝ち・負けを争う試合相手ではなく、共に闘うペアなのだと忘れずにおこう。

当事者の反応は？

この五カ条を、「セックスしなくても幸せ」だと断言している、シリアス・ランナーの睦美さんに見せてみた。二章に登場してくれた彼女は、チラリと目を投げて苦笑した。

「甘いわねえ。これっぽっちのことで、夫婦関係が改善するわけないじゃないですか」

正義は妻にある、だから「妻がこわい」という、五章で紹介した重利さんは、マラソン大会で二万円を捨ててしまったことを、どうにか隠しおおせたそうだ。

「グサッとくる五カ条ですね。純粋な愛情からならともかく、打算でこういう工夫をされたと知ったら、ご主人はショックを受けますよ」

いや打算ではない。今、夫に対して感じている純粋な愛情を、ずっと大事にし続けたいだけなのだ。そう抗弁したが、重利さんは納得しなかった。

「こういう〝法律〟を作って、きちっと遵守しようとする妻の発想そのものが、男にはつらいのですよ。でもまあ、しっかりした女性に頭を押さえつけられていたほうが、家庭は安泰ですからね。ご主人を、しっかりお尻に敷いてやってください。ただし、重みで押しつぶさないように」

睦美さんからは「甘い」、重利さんには「つらい」と一蹴され、くじけかけたが、気を取り直そう。

夫との口論を「押し合い」と呼び、いったんは失って取り戻したセックスを維持するため、「地方のマラソン大会に出ると、夫の好物をおみやげに買って帰る」という、七章に登場した幾代さんはどうか。

「いいと思いますよ。あと私が付け加えるとしたら、その⑥【人前で夫をほめる】と、その⑦【弱いふりをして甘える】ですね」

復活した女性からのアドバイス

八章で、セックスレスからの脱出プロセスを語ってくれた、テニス好きの織恵さんは言う。

「私からは、セックスレス期間が長引いている人にアドバイスさせてください。その⑧【いきなりセックスを求めない】です。キスすらしていない夫婦にとって、セックスはハードルが高すぎます。言葉や身体の接触で、少しずつ距離を縮めていくのが正解だと思います」

なるほど、セックスレス状態への葛藤を抱いている側が、いよいよ行動を起こすとなると、つい焦りがちだ。

抑えていたものが大きければ大きいほど、「これ以上は、もう耐えられない！」と、一発勝負でケリをつけたくなる気持ちもわかる。

しかしセクシュアル・コンタクトさえ途絶えている場合は特に、いきなりセックスに持ち込もうとしても無理がある。肌と肌、心と心が寄り添う間柄を取り戻す前に、「お互いの体温を感じ合う関係性」を、まず作り上げる必要性がありそうだ。

身体の中心部へのピンポイント接触は先送りにして、そばを通るときに腕をぶつける、前を歩く相手の背中を撫でるといった、親しい友人同士の間でも通用するような近づきかたをしてみてはどうだろう。

同じく脱出に成功した愛子さんは、自身が〝シャンパン〟の助けを借りたという経験を踏まえて語った。

「いつのまにかセックスレスになってしまった……という夫婦が、ふだんどおりの生活を続けていたら、永遠に復活しません。旅行だとか、私みたいに、いつもとは違う行動を取ってみるとか、波風の立ったとき、それがチャンスだと思います。私からは、その⑨【日常生活を飛び出してみる】という言葉を贈ります」

織恵さんと愛子さんに話を聞くうち、私もその⑩【プロセスを楽しむ】を思いついた。

現在のパートナーでなくともいい。人生で最初のキス、そしてセックスを振り返ってみてほしい。中には「知り合って間もない相手と、勢いで、その場で」という人もいるだろうが、多くの場合は、じりじり、じわじわ、じっくりとした歩みで、そこへと至ったのではないだろうか。

「あれを最初からまたやれと言うの？」

そんな声が聞こえてきそうだが、仕方がない。セックスレスの三大要因は「面倒くさい、疲れている、眠い」である。

取り戻すまでのプロセスは、当然ながら、面倒くさくて、疲れて、「もうやめた、寝ちゃおうっと！」と打ち切りたくなることの連続である。だからこそ、「プロセスを楽しもう」という姿勢を持つべきであろう。

缶切りを手に

この十か条にたどり着くまでに、どれだけの人に話を聞いてきたことか。缶詰を開ける作業を続けてきたような気がする。

それぞれの想いや打算を貯め込んで、ガッチリと密封されている夫婦の寝室という缶詰。キコキコと開いてみると、密封した当時のままの色や香りが残っていることもあれば、変質していた中身が噴出し、手がつけられなかった場合もあった。

「ところでセックスしてますか?」

ぶしつけな質問を放ち、缶詰をこじ開けようとした私を受け入れてくださった方々に、心より感謝を申し上げたい。

ゴールに向けて伴走をしていただいた祥伝社の吉田浩行編集長、私と同じく新婚の大木瞳さん、『からだにいいこと』誌の佐久間省吾さん、夫の櫻井俊幸にも、そっと手を合わせている。

今夜のおかずは餃子である。朝のうちに作って寝かせておいた具を、皮に包むという作業が残っているので、そろそろパソコンの前から離れよう。

二〇一二年七月

衿野《えりの》未矢《みや》

一〇〇字書評

切り取り線

購買動機（新聞、雑誌名を記入するか、あるいは○をつけてください）

- □（　　　　　　　　　　　　　　　）の広告を見て
- □（　　　　　　　　　　　　　　　）の書評を見て
- □ 知人のすすめで
- □ タイトルに惹かれて
- □ カバーがよかったから
- □ 内容が面白そうだから
- □ 好きな作家だから
- □ 好きな分野の本だから

●最近、最も感銘を受けた作品名をお書きください

●あなたのお好きな作家名をお書きください

●その他、ご要望がありましたらお書きください

住所	〒				
氏名		職業		年齢	
新刊情報等のパソコンメール配信を 希望する・しない	Eメール	※携帯には配信できません			

あなたにお願い

この本の感想を、編集部までお寄せいただけたらありがたく存じます。今後の企画の参考にさせていただきます。Eメールでも結構です。

いただいた「一〇〇字書評」は、新聞・雑誌等に紹介させていただくことがあります。その場合はお礼として特製図書カードを差し上げます。

前ページの原稿用紙に書評をお書きの上、切り取り、左記までお送り下さい。宛先の住所は不要です。

なお、ご記入いただいたお名前、ご住所等は、書評紹介の事前了解、謝礼のお届けのためだけに利用し、そのほかの目的のために利用することはありません。

〒一〇一－八七〇一
祥伝社黄金文庫編集長　吉田浩行
☎〇三（三二六五）二〇八四
ohgon@shodensha.co.jp

祥伝社ホームページの「ブックレビュー」からも、書けるようになりました。

http://www.shodensha.co.jp/bookreview/

祥伝社黄金文庫

セックスレスな女《おんな》たち

平成24年7月30日　初版第1刷発行

著　者　衿野未矢《えりのみや》
発行者　竹内和芳
発行所　祥伝社《しょうでんしゃ》
〒101－8701
東京都千代田区神田神保町3－3
電話　03（3265）2084（編集部）
電話　03（3265）2081（販売部）
電話　03（3265）3622（業務部）
http://www.shodensha.co.jp/
印刷所　堀内印刷
製本所　積信堂

Printed in Japan　© 2012, Miya Erino　ISBN978-4-396-31583-2 C0195